Katharina Mahrenholtz

Wo der Hammer hängt

Do-it-yourself für Frauen

Illustriert von Dawn Parisi

sanssouci

Wichtiger Hinweis:

Die Informationen und Ratschläge in diesem Buch wurden von der Autorin und dem Verlag mit größter Sorgfalt erarbeitet und geprüft. Eine Garantie kann jedoch nicht übernommen werden. Dieses Buch ersetzt kein handwerkliches Fachwissen. Eine Haftung der Verfasserin bzw. des Verlags und seiner Beauftragen für Personen-, Sach- oder Vermögensschäden ist ausgeschlossen.

1 2 3 4 5 10 09 08 07 06

ISBN-10: 3-7254-1399-1
ISBN-13: 978-3-7254-1399-7

Umschlaggestaltung: Birgit Schweitzer, München,
unter Verwendung von Illustrationen von Dawn Parisi
Druck und Bindung: Kösel, Krugzell
Printed in Germany

INHALT

INHALT

INHALT

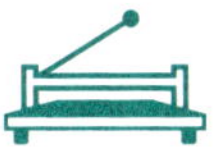

00 VORWORT

DIE FRAU KOCHT, UND DER MANN DÜBELT REGALE AN DIE WAND

Das war gestern. Heute können Frauen selbst dübeln – jeder zweite Baumarktkunde ist eine Sie.
Da aber die Beratung in den Schrauben- und Baustoff-Abteilungen meist zu wünschen übrig lässt, wird es Zeit für ein paar Do-it-yourself-Anleitungen speziell für Frauen. Männer dürfen auch gern mal reinlesen – und sich ansonsten ruhig dem Kochen widmen.

Es geht los mit ein paar Basics

Dabei geht es um die wichtigsten Werkzeuge, um Grundkenntnisse im Sägen und Bohren, es gibt einen kleinen Handwerker-Knigge und natürlich Sicherheitshinweise für die Heimwerkerin.

Vorher – Nachher

Wichtig! Wenn Sie wollen, dass nicht Ihre ganze Wohnung unter der Renoviereung leidet, müssen Fußböden, Möbel etc. geschützt werden. Und wetten, Sie wissen nicht, was man mit Pinseln und Farbrollen nach der ersten Anwendung macht? Hier erfahren Sie es.

Die To-do-Kapitel

Egal, ob Sie „bloß" streichen oder eine ganze Wand neu verputzen müssen, ob Sie sich im Fliesen ausprobieren oder einfach einen Teppich ganz ohne Falten verlegen wollen – hier finden Sie in acht Kapiteln alles, was Sie wissen müssen, um Ihrer Wohnung ein neues Outfit zu verpassen. Damit Sie nicht hektisch und mit Kleisterfingern das ganze Buch durchlesen müssen, wenn beim Tapezieren die Tapete reißt, hat jedes Kapitel eine Rubrik „Erste Hilfe bei Unfällen". Und für die ganz lockeren Damen, die es mit der Optik nicht sooo genau nehmen, gibt es jeweils ein paar Vorschläge zur

„Schlampenrenovierung“: Alte Dübellöcher, ein Brandloch im Teppich, ein Fleck auf der Tapete – das kann man alles regeln, ohne die ganz große Renovierungsaktion zu starten.

Strom – Wasser – Gas

Der ganze technische Kram, mit dem es Frauen ja nicht so haben. Vielleicht ein Vorurteil, aber unsere Recherchen haben gezeigt, dass kaum eine Frau weiß, wo genau sich die Dichtung im Wasserhahn befindet und wie eigentlich die Stromleitungen durchs Haus führen. Hier gibt es jede Menge Know-how, mit dem Sie sicher punkten können.

Lifestyle

Der weibliche Teil des Heimwerkerdaseins: Frauen wollen nicht nur ganz funktionell Laminat verlegen und Wände weißen – sie wollen es schön haben. In den Lifestyle-Kapiteln finden Sie diverse Tipps zum Innendesign Ihrer Wohnung.

Also

Was hat Ihre Wohnung am nötigsten? Einen neuen Anstrich? Ein schickes Fliesenschild? Einen milbenfreien Fußboden? Suchen Sie sich ein Projekt, und dann geht's los!

01 BASICS

Damit Sie sich nicht bei der ersten Aktion den Daumen blau hauen, gibt es hier ein paar Grundkenntnisse in Sachen Bohren, Nageln und Sägen. Außerdem brauchen Sie einen kleinen Werkzeugkasten mit den nötigsten Zutaten für erfolgreiche Heimwerkerprojekte – es sei denn, Sie gehören zum Typ „Handwerksheldin“. Wie Sie das herausfinden, erfahren Sie ebenfalls auf den folgenden Seiten.

01 BASICS

Sie wissen, wie eine Maurerkelle aussieht, und können eine Bohrmaschine bedienen? Super, dann haben Sie gute Chancen auf den Titel „Handwerksheldin". Aber auch wenn Sie noch ganz unbedarft sind in Sachen Do-it-yourself – macht nix. Wichtig ist nur, dass man sein Können richtig einschätzt. Deshalb sollten Sie Ihre Karriere als Heimwerkerin mit diesem kleinen Einstiegstest beginnen.

EINSTIEGSTEST

a ☐ b ☐ c ☐

01. Ein Rohrbruch. Jede Menge Wasser sprudelt Ihnen entgegen. Was tun Sie?

a) Ich versuche Ruhe zu bewahren und drehe den Haupthahn zu.

b) Ich renne panisch durch die Wohnung, weil ich nicht weiß, wo der Haupthahn ist.

c) Haupthahn??? Ich rufe die Feuerwehr.

a ☐ b ☐ c ☐

02. Sie wollen ein Regalbrett anbringen. Wie gehen Sie vor?

a) Ich suche die passenden Schrauben und Dübel raus, greife beherzt zur Bohrmaschine und los geht's.

b) Ich bin unsicher wegen der Größe der Dübel und frage einen Freund um Rat.

c) Bohren? Dübel? Ich verschiebe das Projekt auf unbestimmte Zeit.

a ☐ b ☐ c ☐

03. Der gut aussehende Nachbar will sich einen Imbus ausleihen. Wie reagieren Sie?

a) „Kein Problem. Welche Größe?"

b) „Tut mir Leid, einen Imbus habe ich nicht. Darf's was anderes aus meinem Werkzeugkasten sein?"

c) „Imbus? Äh, die sind gerade alle. Gehen vielleicht auch Bambussprossen?"

04. In der Dusche ist der Abfluss verstopft. Was tun Sie?

a ☐ b ☐ c ☐

a) Sie bearbeiten den Abfluss mit dem guten alten Pümpel.
b) Sie sind unsicher und rufen den Klempner.
c) Sie kippen eine halbe Dose Abflussfrei rein und wundern sich, dass es so dampft.

05. Sie wollen Ihr Schlafzimmer streichen. Wie viel Zeit planen Sie ein?

a ☐ b ☐ c ☐

a) Drei Tage – sicher ist sicher.
b) Die 15 qm – das sollte an einem Tag zu schaffen sein.
c) Schlafzimmer streichen? Allein? Never!

06. Der neue Vorhang ist 10 cm zu lang. Wie lösen Sie dieses Problem?

a ☐ b ☐ c ☐

a) Kein Problem. Das nähe ich mit der Nähmaschine selbst um.
b) Ich stecke ihn ab und bringe ihn zur Änderungsschneiderei.
c) Ich tausche ihn um.

07. Umzugsschaden: Bei der Kommode ist ein Fuß abgebrochen. Was tun Sie?

a ☐ b ☐ c ☐

a) Ich schraube ihn mit Hilfe eines Winkels wieder an.
b) Ich versuche es mit Holzleim.
c) Ich kaufe eine neue Kommode.

08. In der Wand ist immer noch ein hässliches altes Dübelloch, das Sie jetzt endlich mal beseitigen wollen. Wie?

a ☐ b ☐ c ☐

a) Ich rühre eine kleine Menge Spachtelmasse an und spachtel das Loch vorsichtig zu.
b) Ich schmiere Zahnpasta rein.
c) Ich klebe ein Poster drüber.

a ☐ b ☐ c ☐

09. Sie haben ein IKEA-Regal gekauft. Trauen Sie sich auch den Aufbau zu?

a) Ist nicht mein erstes Mal! Ich gehe routiniert ans Werk.
b) Ich brauche viel Zeit und Nerven, aber am Ende steht das Regal.
c) Ich rufe meinen Freund zur Hilfe. Anschließend streiten wir uns um jeden Arbeitsschritt. Zum Schluss bringen wir die Einzelteile wieder zurück.

a ☐ b ☐ c ☐

10. Man bietet Ihnen eine Wohnung in Traumlage zum moderaten Preis an. Leider hat sie einige Schönheitsfehler. Wie entscheiden Sie sich?

a) Ich nehme die Wohnung: Ich freue mich auf die Herausforderung und beschließe, die Wohnung nach und nach zu renovieren.
b) Ich nehme die Wohnung: Ein paar Sachen kann ich selbst machen. Außerdem habe ich noch einen finanziellen Puffer, um für die schwierigen Arbeiten einen Handwerker zu bezahlen.
c) Ich nehme die Wohnung nicht: Ich kann mir überhaupt nicht vorstellen, wie aus dieser Bude was werden soll.

AUSWERTUNG

Zählen Sie, was Sie am meisten angekreuzt haben: a, b oder c – das bestimmt Ihren Heimwerker-Typ.

Abb. Typ

TYP A

Die Handwerksheldin oder „Wo ist die Bohrmaschine?"

Geht nicht gibt's nicht bei Ihnen. Sie lieben die Herausforderung und wagen sich auch an aufwändigere Projekte. Dabei vergessen Sie allerdings manchmal, dass es keine Schande ist, auch mal die Hilfe von Freunden in Anspruch zu nehmen. Trotzdem: Weiter so. Vielleicht finden Sie ja in diesem Buch genau die Tipps, die Ihnen bisher noch fehlten.

TYP B

Die Auszubildende oder „Wo ist die Anleitung?"

Sie wollen es schaffen. Auch wenn Ihnen noch die Erfahrung fehlt – egal: Sie wursteln sich durch. Das ist genau die richtige Strategie, um irgendwann zur Handwerksheldin zu werden. Denn: Mit ein bisschen Hilfe (und mit diesem Buch) stemmen Sie garantiert jedes Projekt.

TYP C

Die Fachfremde oder „Wo ist das Telefon?"

Selbermachen ist nicht Ihr Ding. Sie vertrauen lieber auf Handwerker-Notdienste und gute Freunde, anstatt die Sache selbst anzupacken. Schade, denn so bringen Sie sich um viele tolle Erfahrungen und Erlebnisse. Genauso beherzt, wie Sie sonst zum Telefonhörer greifen, um Hilfe zu ordern, sollten Sie jetzt dieses Buch zur Hand nehmen und einfach mal anfangen. Sie werden sehen: Es ist gar nicht so schwer – und es lohnt sich!

01 BASICS

BASIC DO-IT-YOURSELF

Auch wenn Sie nur hin und wieder ein bisschen was reparieren wollen – eine solide Grundausstattung sollten Sie sich auf jeden Fall zulegen. Das ist wie beim Kochen: Selbst wer kein Gourmet werden will, braucht ein paar Töpfe, Pfannen und Grundzutaten, sonst kommt doch nie was anderes als Fertigkost auf den Tisch. Und mal ehrlich: Was gibt es Schöneres für eine Frau, als sich ein paar Basics zusammenzushoppen?

WERKZEUGKASTEN-BASICS

Fangen Sie an mit einem schicken Werkzeugkasten – der ist ab jetzt Ihre Prada-Handtasche. Für den Anfang eignet sich ein Modell mit einem großen Fach für Hammer, Zangen etc. und einigen kleinen Fächern für Schrauben, Nägel, Dübel. Die Handwerksheldin kauft sich später noch einen so genannten „Sorti(ments)-Kasten" speziell für alle Kleinteile. Und nun der Inhalt: Bei der Grundausstattung mit Werkzeugen sollte man auf Qualität achten. Sonderangebote sind meistens Schrott. Auf jeden Fall müssen die Sachen ein GS-Siegel haben und wie Besteck aus rostfreiem Edelstahl sein – und am besten von einem bekannten Hersteller (z. B. WIHA, Belzer, Knipex, Hazet). Schraubendreher und Zangen sollten außerdem schutzisoliert nach VDE-Norm sein.

Dann brauchen Sie unbedingt eine Bohrmaschine – ohne haben Sie nicht mal den Hauch einer Chance, jemals zur Handwerksheldin zu werden. Wenn Sie nicht konkret vorhaben, irgendwelche Fliesen abzustemmen oder riesige Haken in Betonwände zu dübeln, reicht es, eine Standard-Schlagbohrmaschine eines namhaften Herstellers zu kaufen. Mindestens 500 Watt sollte sie haben, und die Geschwindigkeit sollte man regulieren können (gibt es ab

Abb. Werkzeugkasten-Basics

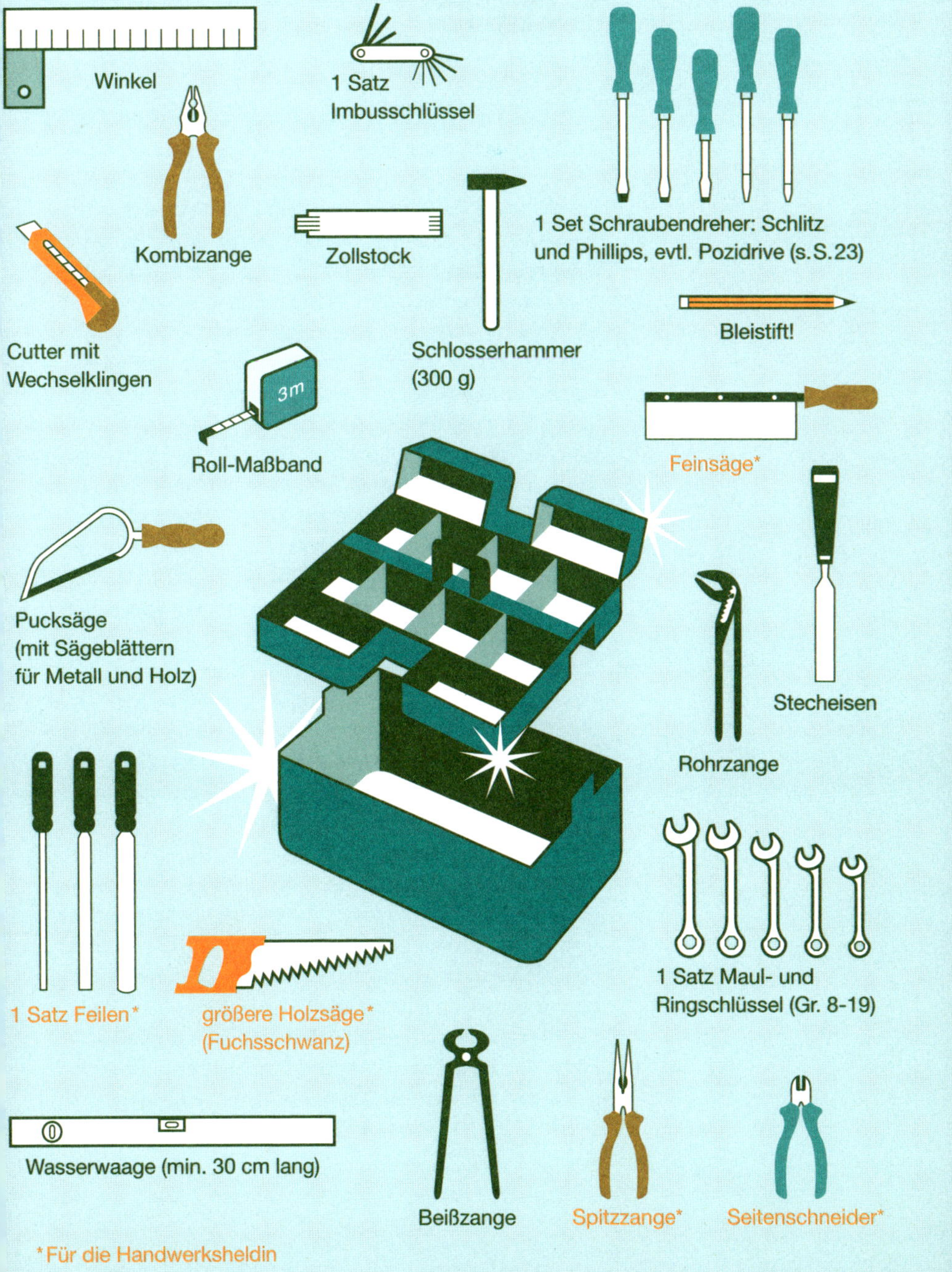

50 Euro). Dazu je einen Satz Steinbohrer, Holzbohrer und evtl. Keramikbohrer (falls Sie viel in Fliesen bohren müssen).

Sinnvoll ist außerdem die Anschaffung eines kleinen Akku-Schraubers – oder wollen Sie auf Ihren Zauberstab im Werkzeugkasten verzichten? Dazu ein Satz Bits (das sind die Dinger, die man vorn reinspannt und die dann genau in die Schraubköpfe passen und sie – srrrrt – überall reinorgeln). Es gibt inzwischen extra zierliche Damen-Modelle (ca. 50 Euro), die Ihnen natürlich niemals einer der männlichen Baumarkt-Fachverkäufer empfehlen würde. Lassen Sie sich davon nicht abhalten: Der Akkuschrauber muss so beschaffen sein, dass Sie ihn locker mit einer Hand halten können, sonst macht er keinen Sinn. Kleine Modelle haben außerdem den Vorteil, dass man damit besser in engen Schränken etc. agieren kann. Sie werden Ihren Damen-Akkuschrauber lieben, spätestens beim Aufbau des ersten IKEA-Regals mit 47 Schrauben …

Wenn Sie ein Renovierungsprojekt planen, bei dem man viel sägen muss (z. B. Holzfußboden verlegen), empfiehlt sich der Kauf einer Stichsäge. Es gibt schon einfache Markenmodelle ab etwa 50 Euro, die für gerade, unkomplizierte Schnitte völlig ausreichen.
Wenn Sie aufwändiger sägen wollen (z. B. dickes Holz, Kurven, Schrägen), sollten Sie erwägen, ein Modell mit einigen Extra-Funktionen zu kaufen: Pendelhub, elektronische Drehzahlregulierung, abwinkelbarer Gleitschuh. Natürlich kann man in jede Stichsäge verschiedene Sägeblätter einsetzen (Holz, Metall, Kunststoff).
Für die dreckbewusste Hausfrau besonders interessant: Einige Modelle kann man an den Staubsauger anschließen – so werden die nervigen Sägespäne gleich abgesaugt!

Abb. Bohrmaschine

Bohrer:

a Holzbohrer

b Steinbohr

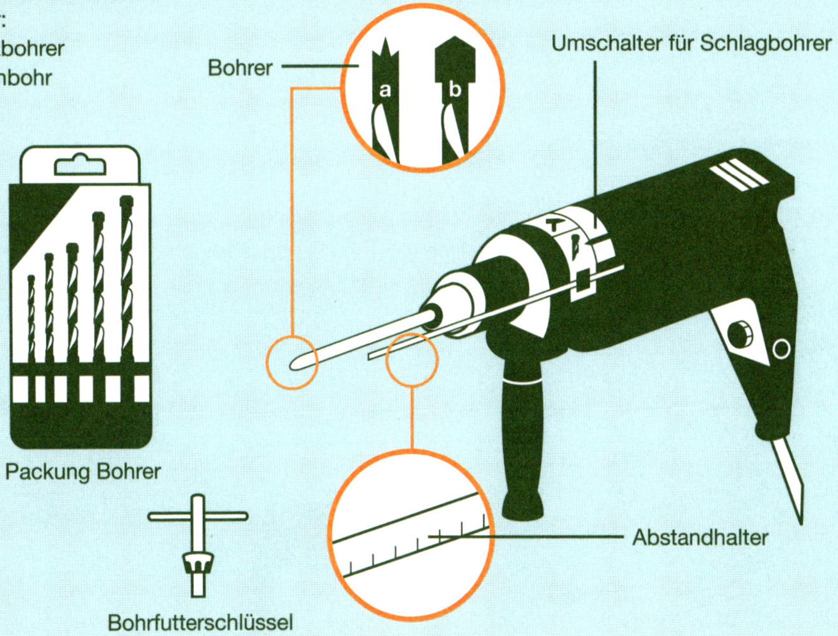

Abb. Stichsäge

Sägeblatt:

a für Metall

b für Holz

Abb. Akku-Schrauber

MATERIAL

Material kauft man am besten projektgebunden. Fürs Erste reichen allen Heimwerkerinnen folgende Grundzutaten:

Abb. Material

Nägel sind fast ausschließlich dazu da, Holz mit Holz zu verbinden. So etwas kommt im Heimwerker-Bereich praktisch nie vor – es sei denn, Sie müssen z. B. eine Rückwand an ein neues Regal nageln, in diesem Fall werden passende Nägel inklusive Anleitung mitgeliefert.
Nägel sind grundsätzlich nicht geschaffen, um Dinge an Wänden zu befestigen.
Ausnahme: Bilder. Kleine Fotos o. ä. in leichten Rahmen können Sie getrost an irgendwelche kleinen Stahlnägel hängen. Vorteil: Kein Bohren, kein Dreck – und wenn Sie die wieder rausziehen, bleibt nur ein winziges, kaum sichtbares Loch in der Wand. Für größere Rahmen sind Bildernägel am besten geeignet. Das sind besonders starke, „gebläute“ Stahlnägel, deren Haltekraft natürlich auch begrenzt ist. Wenn Sie sich also einen Monumentalschinken à la Rubens übers Sofa hängen wollen: bitte mit Dübel und Haken (s. S. 25)!

Wer jemals im Baumarkt vor den Schrauben-Regalen gestanden hat, weiß, dass man dort verzweifeln kann. Es scheint locker eine Million von den Dingern zu geben, irgendwie sehen alle gleich aus, heißen aber unterschiedlich. Ach ja, und manche sind messingfarben, andere eher silbern. Letztere sehen schöner aus, aber Messingschrauben sind rostfrei (also auf dem Balkon oder im Bad besser Messingschrauben verwenden).

Zur besseren Orientierung hier ein kleiner Überblick über die gängigsten Modelle:

Allzweck- oder Holzschrauben

Das sind die Schrauben, mit denen man es meistens zu tun hat, also die Dinger, die man in Dübel schraubt. Man unterscheidet:

Senkkopf-Schraube mit (und ohne) Schaft

Ja, auch Schrauben haben Köpfchen: Senkkopf bedeutet, dass nach dem Reinschrauben nix mehr raussteht, die Schraube also bündig zur Wand, zum Brett etc. abschließt. Da man von den Schrauben hinterher meist möglichst wenig sehen will, nimmt man eigentlich immer Senkkopf-Schrauben.
Der Schaft sorgt dafür, dass keine Lücke zwischen den zu verbindenden Teilen bleibt. Kaufen Sie also immer Schrauben mit Schaft.

Halbrundkopf-Schraube

Hier wird der Schraubenkopf nicht versenkt, sondern bleibt als „Huckel" stehen – eher unüblich, es sei denn, Sie wollen etwas mit Schrauben verzieren. Ähnlich wie die Halbrundkopf-Schraube sind auch Linsenkopf-Schraube und Zierkopf-Schraube gebaut. Letztere hat sogar einen extra großen Kopf. Man nimmt sie z. B. für Zierbeschläge – im Heimwerkerbereich also eher zu vernachlässigen.

Metallschrauben

Gibt es auch. Die brauchen Sie praktisch nie, außer beim Zusammenbau einiger IKEA-Möbel (da sind sie dann dabei). Metallschrauben haben ein viel engeres, feineres Gewinde und werden in Muttern geschraubt – versuchen Sie gar nicht erst, sie in Dübel oder in ein Holzbrett zu schrauben.

Abb. Schrauben
a Schraubenpackung
b Schraubenantrieb

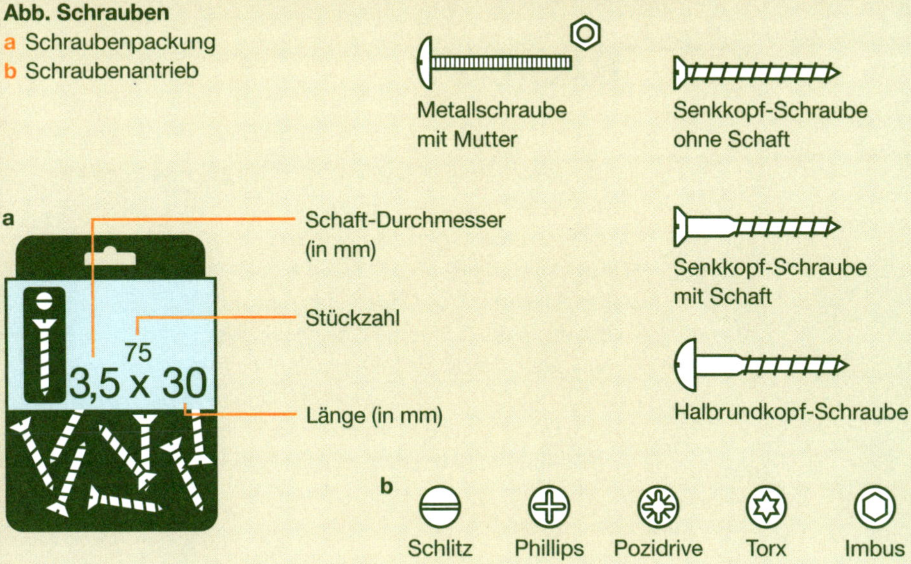

Schraubenantrieb

Klingt zwar nach Formel 1, wird aber trotzdem kaum jemanden zu Begeisterungsstürmen hinreißen. Wissen sollten Sie's trotzdem: Mit Schraubenantrieb bezeichnet man den Schraubenschlitz – und den gibt es in den unterschiedlichsten Formen. Allgemein bekannt sind „Schlitz" und „Kreuzschlitz", wobei Letzteres schon mal nicht die korrekte Fachvokabel ist. Beeindrucken Sie Freunde und Baumarktangestellte – und sagen Sie in Zukunft „Phillips" dazu! Die meisten Schrauben, die für Laien aussehen wie Phillips, haben übrigens in Wirklichkeit einen so genannten „Pozidrive". Im Unterschied zu den Phillips-Schrauben haben die Pozidrive-Schrauben vier zusätzliche Riefen – das erhöht die Griffigkeit des Schraubendrehers bzw. des Bits im Akkuschrauber. Man kann einen Phillips-Schraubendreher für Pozidrive-Schrauben benutzen, aber nicht umgekehrt. Noch bessere Griffigkeit erreicht der Torx-Antrieb, wird aber fast nur im Profi-Bereich benutzt. Imbus findet man vor allem beim Möbelbau – wie jeder IKEA-Kunde weiß!

BASICS

Die meisten Frauen hassen Dübel, weil schon das Wort Komplikationen, nämlich bohren, impliziert. Dabei sind Dübel eine äußerst geniale Erfindung, um alles Mögliche (auch Schminkspiegel!) an der Wand zu befestigen: Ein kleines Plastikteil mit Widerhaken, das man ins Bohrloch steckt, und wenn die Schraube hineingeschraubt wird, spreizt sich der Dübel. Die Widerhaken grätschen in die Wand und halten Schraube und das, was dranhängt, in Position.
Auch Dübel gibt es in unterschiedlichen Variationen.
Hier die wichtigsten für den Heimgebrauch:

Standarddübel
Grundsätzlich für alles geeignet. Wann immer Sie irgendwas an Ihre Wand hängen wollen, werden Sie zuerst zu diesem Dübel greifen.

Universaldübel
Ebenfalls – wie der Name sagt – universell einsetzbar, aber für leicht poröses Mauerwerk und Hohlräume etwas besser geeignet als der Standarddübel. In Beton presst er sich fest, in porösem Mauerwerk dehnt er sich aus.

Feder-Klappdübel
Nimmt man vor allem für Altbaudecken, da diese oft nur aus einer dünnen Gipskartonplatte bestehen. Andere Dübel würden sofort wieder rausrutschen; der Feder-Klappdübel klappt auf – und hält: Lampen, Gardinenstangen o. ä.

Gipskartondübel
Wie der Name sagt: extra für Gipskartonwände. Er wird regelrecht in das sehr poröse Material reingedreht und hält daher wesentlich besser als ein reingesteckter Universaldübel.

Die große Frage ist natürlich immer: Was hält woran? Und: Was geht wo rein? Das lässt sich pauschal leider nicht

Abb. Dübel

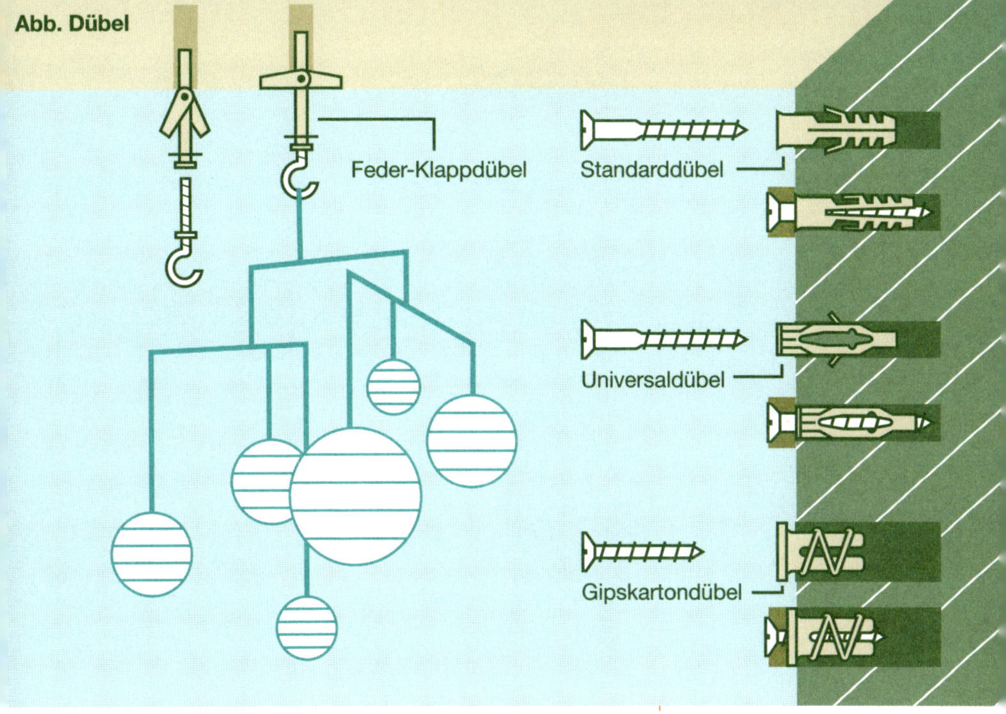

sagen. Auf den Dübelpackungen steht immer drauf, welche Schrauben zu welchen Dübeln gehören – kaufen Sie zu Anfang am besten immer Dübel- und Schraubensets. Ganz leichte Sachen, die kaum belastet werden, kann man mit 5er-Dübeln aufhängen. Für mittelschwere Sachen (kleine Regale, Lampen, einzelne Garderobenhaken) sind meist 6er-Dübel die richtigen. Für schwere Sachen (Küchen-Oberschränke, Wandregale, auf denen viele Bücher stehen sollen) sollte man mindestens 8er-Dübel nehmen, evtl. sogar 10er.

Ein Profi muss her

Im Zweifel fragen Sie in einem Eisenwaren-Fachgeschäft. Erklären Sie, was Sie aufhängen wollen und wie die Wand beschaffen ist. Dann bekommen Sie mit Sicherheit den richtigen Dübel (vielleicht brauchen Sie einen Spezialdübel für poröse Wände und/oder schwere Lasten!) mit der richtigen Schraube.

01 BASICS

DO-IT-BASICS

Nageln

Besonders beliebt auf Volksfesten sind Nagelwettbewerbe. Bei Frauen eher aus der Zuschauerreihe, weil man sich eigentlich nur blamieren kann: Den Nagel krumm schlagen, gar nicht treffen oder sich die Finger blau hauen.
Muss alles gar nicht sein. Abgesehen davon, dass man im Heimwerkerbereich ohnehin nicht viel nagelt – wie wäre es, wenn Sie sich ein Stück Holz suchen und ein bisschen üben für den Ernstfall?
Nehmen Sie den Hammer in Ihre Schreibhand (hinten anfassen für den perfekten Schwung!) und halten Sie den Nagel unterhalb des Nagelkopfes. Mit der dicken Seite des Hammers leicht draufschlagen, bis er von allein hält, dann Finger weg und das Werk beherzt vollenden.

Viel nageln

Wenn Sie 200 Billy-Regale mit Rückwänden versehen müssen oder ein Zimmer mit Profilholz verkleiden wollen, lohnt sich die Anschaffung eines Nagelhalters. Der hält den Nagel vorne fest, man hämmert hinten drauf und zack ist der Nagel da, wo er hin soll – krumm schlagen unmöglich. Auch perfekt fürs Über-Kopf-Nageln!

Nägel entfernen

Wenn Sie sich beim Anbringen der Regal-Rückwand verhämmert haben – der Nagel sich also unansehnlich krümmt –, können Sie ihn einfach mit einer Beißzange wieder rausziehen. Damit dabei keine Kinken ins Holz kommen, sollte ein dünnes Brettchen untergelegt werden.
Den gleichen Trick können Sie auch an der Wand anwenden: Um die Tapete beim Auszug zu schonen (oder wenn Sie sich mit der Bildhöhe an der Wand doch vertan haben), legen Sie beim Entfernen ein möglichst flaches, stabiles

DER GUTE RAT

Wer ganz auf Nummer sicher gehen will in Sachen keine blauen Daumen, steckt den Nagel in einen Pappstreifen und hält ihn mit der Pappe an die entsprechende Stelle. Perfekte Methode besonders für kleine Nägel. Wenn der Nagel drin ist, den Pappstreifen einfach abreißen.

Abb. Nageln

01 Nageln mit Nagelhalter

02 Nagel entfernen

03 „Nummer-sicher“-Technik

04 Nagel versenken

05 Löcher mit Holzkitt verschließen

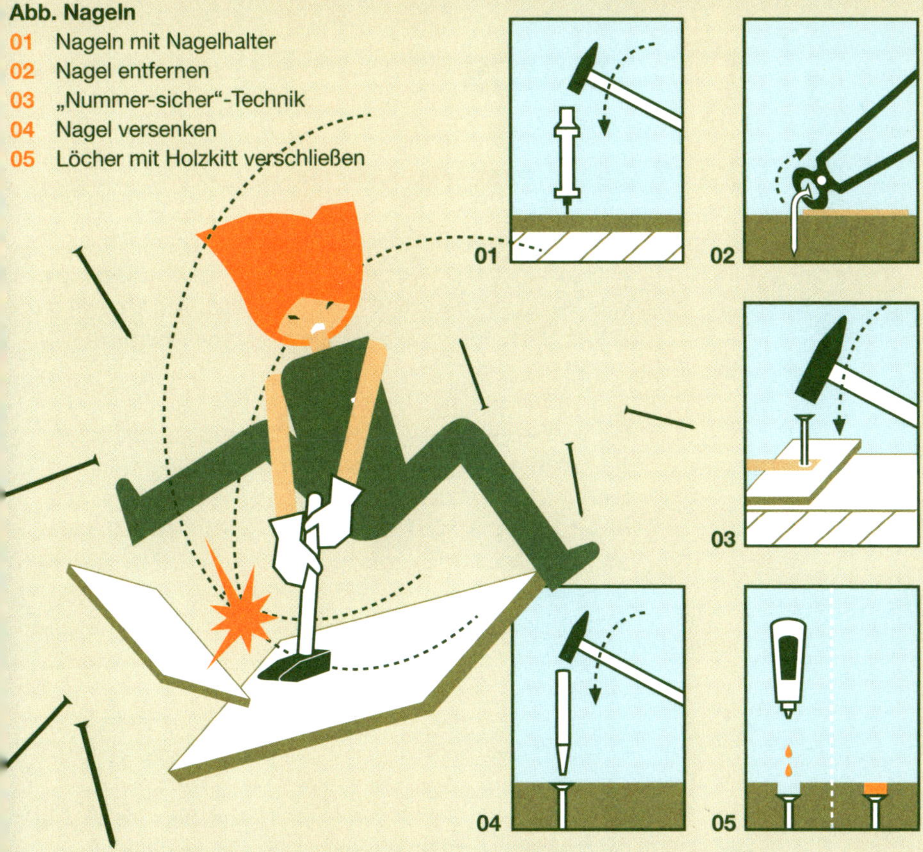

Brettchen unter. Nicht so fest sitzende Nägel kann man auch mit einer Kombizange rausziehen – ohne überhaupt den Untergrund zu berühren.

Nägel versenken

Manchmal ist es wichtig, dass die Nagelköpfe nicht mehr aus dem Holz herausstehen, z. B. bei Fußbodendielen. Dann können sie mit einem so genannten Senker in das Holz getrieben werden. Anschließend kann man das nun entstandene kleine Loch mit Holzkitt verschließen.

AN-DIE-WAND-BRINGEN

Sie haben ein Wandregal gekauft, einen Küchen-Oberschrank oder einen Schminkspiegel. Aber wie kriegt man das Teil nun an die Wand? So viel ist klar: Man braucht dazu Dübel, Schrauben und eine Bohrmaschine. Und weiter?

01. Anhalten

Bei schweren Regalen etc. braucht man dazu eine zweite Person. Die muss das Möbel in Position halten, während Sie zunächst mit der Wasserwaage prüfen, ob es gerade hängt (s. Abb. S. 30). Dann zeichnen Sie an, wo zu bohren ist. Meist haben die Regale oder Schränke an der Hinterwand Metallwinkel mit Löchern, durch die dann geschraubt werden muss. Diese Stellen einfach mit Bleistift an der Wand markieren.

02. Bohren

Spannen Sie den richtigen Bohrer ins Bohrfutter ein:
Für 8er-Dübel nimmt man den 8er-Bohrer – ganz einfach. (Nur bei sehr porösen Wänden am besten erst mal mit einem kleineren Bohrer vorbohren.) Damit Sie wissen, wie tief Sie gleich bohren müssen: Halten Sie die Schraube an den Bohrer und markieren Sie die Länge. Entweder mit dem Abstandhalter der Bohrmaschine oder mit einem Streifen Klebeband, das an entsprechender Stelle auf den Bohrer geklebt wird. Dann setzen Sie die Bohrmaschine rechtwinklig (!) an und starten sie. Erst mal im Normalgang. Meist kommt man so zwei Zentimeter tief, dann geht's nicht weiter: Der Beton ist zu hart. Jetzt muss der Schlagbohrer eingeschaltet werden. Ohrenbetäubend laut, aber sehr wirkungsvoll. Bohren Sie bis zur Markierung.
Einmal den Staubsauger ans Bohrloch halten – je staubfreier, desto besser hält der Dübel. Dann stecken Sie den Dübel ins Bohrloch. Passt? Super. Guckt noch ein Stück raus? Dann müssen Sie ihn noch mal rausziehen und das

DER GUTE RAT

Sie ersparen sich viel Sauerei, wenn Sie jemanden bitten, während des Bohrens, den Staubsauger direkt unter das Bohrloch zu halten. Dann rieselt nämlich der meiste Staub direkt ins Saugrohr!

Loch tiefer bohren. Sitzt zu locker? Mist. Versuchen Sie es mit einem größeren Dübel (evtl. muss das Loch dann auch vorsichtig größer gebohrt werden). Wenn das nicht hilft: Fragen Sie im Baumarkt nach einem Spezialdübel für Ihr Problem oder hängen Sie das Regal woanders hin …

03. Anschrauben

Sitzt der Dübel hübsch fest in der Wand, kommt der leichte Teil: Bitten Sie jemanden, das Regal zu halten, während Sie den schicken Damen-Akkuschrauber zücken. Schrauben schön festziehen – und fertig!

Fliesen bohren

Wenn Sie in Fliesen bohren müssen, geht das am besten mit einem Keramikbohrer. Der ist vorne extra spitz, damit er auf den glatten Fliesen nicht so leicht abrutscht. Alternativ können Sie sehr vorsichtig (!) mit einem sehr spitzen (!) Nagel ein sehr kleines (!) Loch in die Fliesen hämmern – dort kann der Bohrer dann besser ansetzen. Und: langsam bohren! Am allerbesten ist es natürlich, in die Fuge zu bohren. Dabei werden die Fliesen nicht beschädigt – und ein Misslingen ist praktisch ausgeschlossen.

SÄGEN

Mal eine Vorhangstange kürzen oder eine dünne Holzleiste – kein Problem. Spannen Sie das passende Sägeblatt (Metall oder Holz) in die Pucksäge und sägen Sie einfach – zickezacke – ab, was ab soll. Legen Sie das Brett auf einen alten Hocker, so dass der abzusägende Teil übersteht. Der linke Fuß fixiert das Brett auf dem Hocker, die linke Hand stützt und hält links der Sägelinie (ausreichender Abstand!), die rechte Hand führt die Säge (bei Linkshändern entsprechend umgekehrt). Nach dem Sägen wird das Brett an der Schnittstelle mit Schleifpapier für Holz glatt geschliffen.

DER GUTE RAT

Dickere Holzleisten wie Fußleisten, Tischbeine oder Regalbretter lassen sich am besten mit der elektrischen Stichsäge sägen.

Abb. An die Wand bringen

01a Anhalten
01b Mit Wasserwaage ausrichten
01c Mit Bleistift die Wand markieren
02a Länge der Schraube markieren mit Abstandhalter oder Klebeband
02b Bohren (evtl. mit Schlagbohr-Funktion) und Bohrloch aussaugen
02c Möbelstück an die Wand schrauben

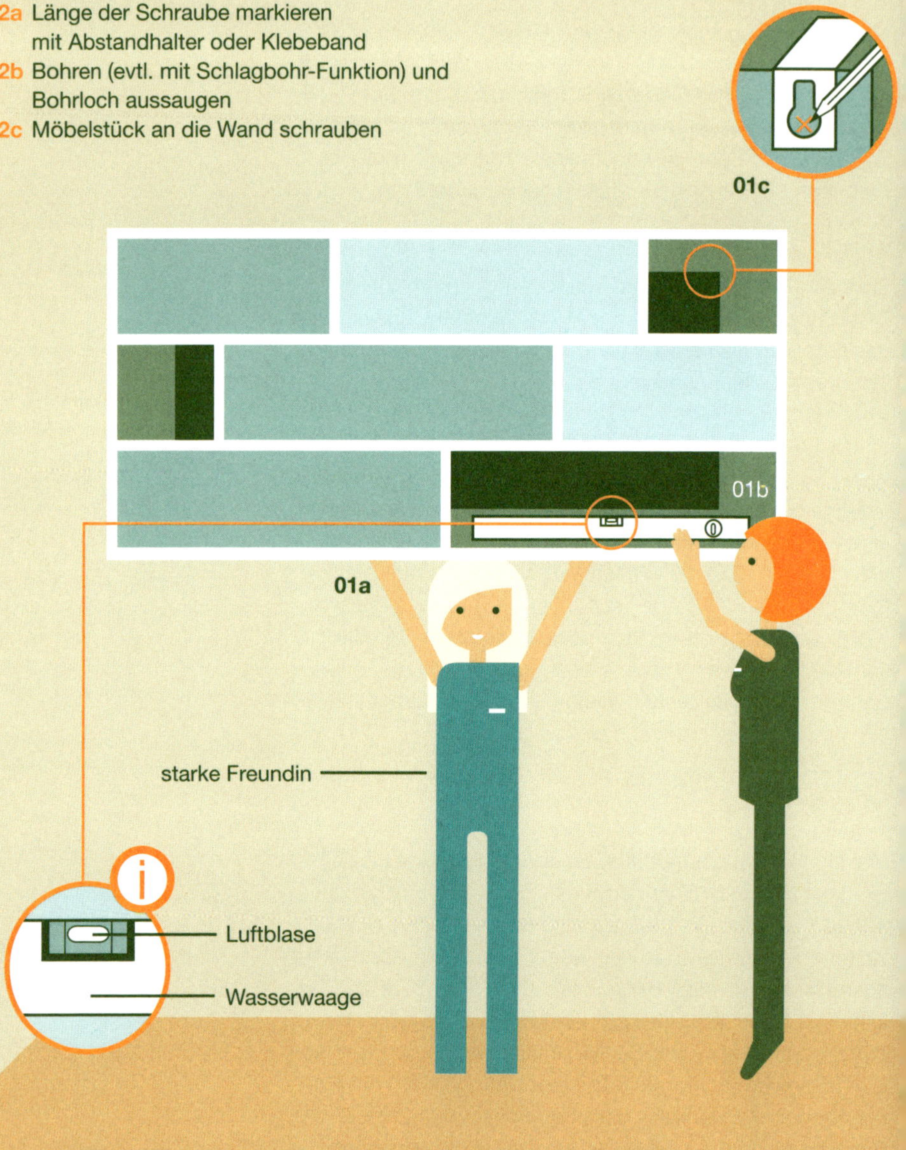

Eine Wasserwaage hat zwei kleine Röhrchen (= Libellen), die mit einer Flüssigkeit gefüllt sind. Legen Sie die Wasserwaage mit der langen Seite an und beobachten Sie das Röhrchen, das nun waagerecht ist. Ruckeln Sie so lange (am Regal), bis die Luftblase genau mittig zwischen den beiden Strichen liegt.

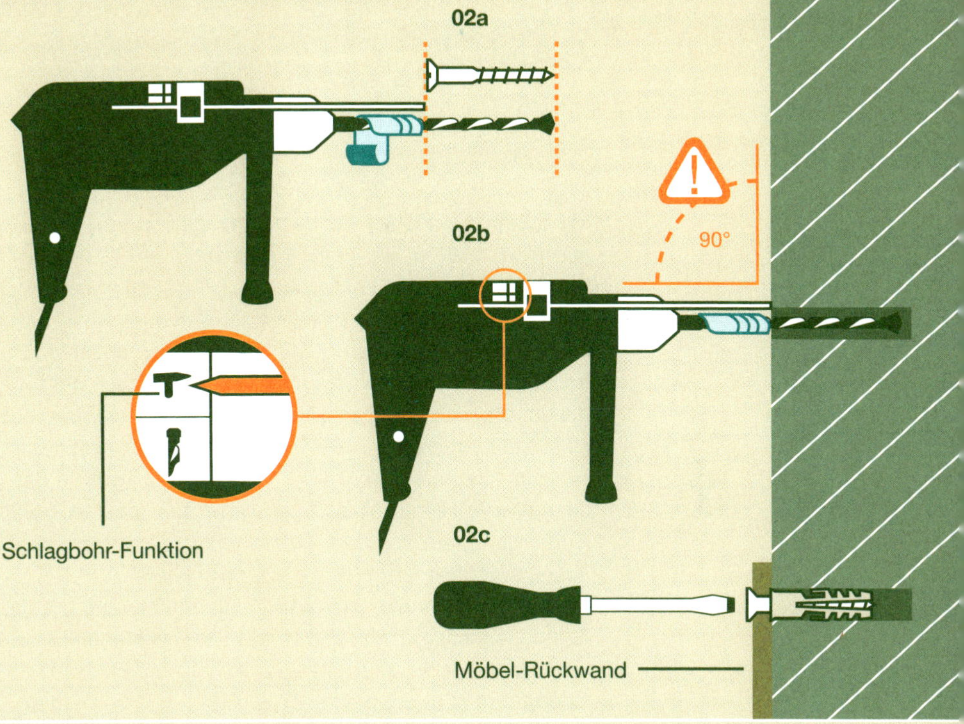
02a
02b
90°
Schlagbohr-Funktion
02c
Möbel-Rückwand

Abb. Sägen

1 2 3 4 5
Passen Sie beim Sägen auf
Ihre Finger auf.

01 BASICS

BAUMARKT-BASICS

Mit Baumärkten ist es wie beim Shopping in großen Bekleidungsgeschäften: Sie werden sie lieben, weil es dort praktisch alles gibt, was Ihr Heimwerkerherz begehrt und noch viel mehr. Sie werden sie hassen, weil es äußerst schwierig ist, dort innerhalb einer überschaubaren Zeit genau das zu finden, was Sie suchen. Wenn Sie zu den Frauen gehören, die nur unter Qualen einen Baumarkt betreten, gibt es nur eins: Nehmen Sie sich zwei Stunden Zeit und stellen Sie sich vor, Sie wären bei H&M. In jedem Regal könnte das ultimative Teil liegen, das Sie schon immer gesucht haben – oder gar eines, von dem Sie bisher nicht wussten, dass Sie es brauchen, aber jetzt, da Sie es sehen …

Im Ernst: Ein ausführlicher Baumarkt-Rundgang sollte am Anfang jeder Handwerksheldinnen-Karriere stehen. So erfährt man, was es alles gibt und wo es versteckt wird. Und es gibt Dinge im Baumarkt, die die Do-it-yourself-Fantasien erst richtig in Schwung bringen: Gelochte Bleche könnten schicke Magnetwände werden – oder wie wär's mit den geriffelten Teakbrettern fürs Wellness-Bad? Seit wann sehen Arbeitshandschuhe eigentlich so stylish aus? Und warum nicht mal einen richtigen Blaumann kaufen? Und dann die Farben-Abteilung: Was könnte man mal in diesem bestechenden „Eisblau“ streichen?

Je besser Sie sich im Baumarkt auskennen, desto besser stehen die Chancen, im Ernstfall das Gesuchte zu finden. Denn vom Fachpersonal sollte man nicht allzu viel Hilfe erwarten. Das ist ebenfalls ein bisschen wie bei H&M: Erstens sind beratende Mitarbeiter eine seltene Spezies, und wenn man das Glück hat, einen zu erwischen, wird man möglicherweise erst mal in eine andere Abteilung geschickt, wo man dann genauso ratlos herumsteht. Natürlich gibt es löbliche Ausnahmen – besonders nette Mitarbeiter oder sogar besonders gute Baumarkt-Ketten. Leider viel zu selten.

DER GUTE RAT

Wer wirklich zuverlässige Beratung braucht, macht es wie mit Klamotten und sucht das jeweilige Fachgeschäft auf. Das ist zwar mühsam, weil man vielleicht nicht alles in einem Laden hat – aber es lohnt sich. Viele Hersteller (von Farben, Lacken, aber auch von Dübeln, Bohrmaschinen etc.) haben außerdem eine Service-Telefonnummer und eine Internetseite. Auch dort gibt es oft hilfreiche Informationen!

ACHTUNG

Wenn Sie schwere Dinge kaufen – wie Arbeitsplatten oder Säcke mit Baustoff – und keinen Mann dabeihaben: Scheuen Sie sich nicht, einen der Angestellten mit freundlichem Druck und Augenaufschlag dazu zu zwingen, Ihnen den Zementsack zumindest aus dem Regal auf den Wagen zu hieven!

SAFER DO-IT-YOURSELF

Die meisten Unfälle passieren im Haushalt – und wer in seinem Haushalt heimwerkerisch tätig wird, erhöht das Risiko. Aber es gibt Möglichkeiten, sich zu schützen – nicht nur vor Unfällen, sondern auch vor den gesundheitsschädlichen Wirkungen der Baustoffe.

Hände weg von Strom!

Lesen Sie dazu Kapitel 08.

Feste Schuhe

Sie schützen vor Scharfkantigem von unten und herabfallenden Gegenständen.

Handschuhe

Kaufen Sie sich ein paar gute, weiche Arbeitshandschuhe aus Leder – Sie werden sie bald lieben. Damit bleiben die Hände sauber, blasenfrei und weich. Für Arbeiten, die Fingerspitzengefühl verlangen, empfiehlt es sich, dünne Einmalhandschuhe aus Gummi zu tragen. Die gibt es heutzutage in feinster Qualität, sodass die Hände danach kaum nach Gummi stinken. Meist kann man Sie entgegen der Bezeichnung mehrfach verwenden. Man schwitzt darin ein bisschen und sieht aus wie ein Herzchirurg, aber immer noch besser, als die gepflegten Hände zu ruinieren.

Schutzbrille und Staubmaske

Damit kommt man sich zwar endgültig paranoid vor – aber egal. Sieht ja keiner. Und beim Anmischen von pulvrigen Baustoffen (Putz, Fliesenkleber) ist es durchaus sinnvoll, Augen und Atemwege zu schützen, denn das Zeug wirkt ätzend.

Hörschutz

Kleidsame Ohrenschützer, auch „Micky-Mäuse" genannt, gibt es in jedem Baumarkt billig zu kaufen. Auf jeden Fall sinnvoll, wenn Sie den Fußboden abschleifen oder viel bohren und sägen wollen.

RECHTLICHES

Wenn Sie zur Miete wohnen, können Sie natürlich nicht einfach frei nach Gusto alles umbauen. Grundsätzlich muss der Vermieter die Wohnung so zurückbekommen, wie er sie vermietet hat. Sie können also alles farbig streichen, sollten aber damit rechnen, dass Sie die Wohnung beim Auszug weiß übergeben müssen. Gleiches gilt für Tapeten. Wenn Sie Wände ohne Tapete stylish finden: Runter damit, aber wenn der Vermieter anderer Ansicht ist, müssen Sie vor dem Auszug neu tapezieren.
Teppich und PVC müssen so verlegt werden, dass man sie problemlos wieder rausnehmen kann – also nicht vollflächig verkleben! Und Sie müssen Fußbödenbelage wählen, die schwimmend verlegt werden können, wie z. B. Laminat (s. S. 108).

Auch in Eigentumswohnungen darf man übrigens nicht alles einfach so verändern. Es gibt Dinge, die gehören zum Gemeinschaftseigentum – wie z. B. die Heizungen. Wenn Sie Designer-Heizkörper einbauen wollen, wenden Sie sich zunächst an den Verwalter oder Vorsitzenden der Eigentümer-Gemeinschaft. Wahrscheinlich muss Ihr Vorhaben auf der Eigentümer-Versammlung zur Abstimmung vorgelegt werden.
Fensterrahmen dürfen Sie nur von innen in Ihrer Wunschfarbe streichen. Von außen darf nichts verändert werden! Und vor Wand-Durchbrüchen sollten Sie sich auch mit dem Verwalter absprechen – und dann natürlich einen Statiker hinzuziehen. Sonst haben Sie am Ende den Einsturz des gesamten Hauses auf dem Gewissen.

DER GUTE RAT
Sprechen Sie vor irgendwelchen Veränderungen mit dem Vermieter. Vielleicht gefallen ihm die unterwäschefarbenen Kacheln im Bad und die Blümchentapete im Flur auch nicht mehr. Und er gibt nicht nur grünes Licht für die Renovierung, sondern sogar Geld dazu. Halten Sie in jedem Fall derartige Übereinkünfte schriftlich fest!

KLEINER HANDWERKER-KNIGGE

Die allermeisten Handwerker sind erstens Männer, zweitens unmotiviert und drittens unkommunikativ. Und sie machen alles dreckig. Klingt nach bösen Vorurteilen, ist aber leider viel zu oft Realität. Hier deshalb einige Tipps zum Umgang mit den Fachmännern:

01. Der Auftrag

Wenn man es geschafft hat, den Meister zu einem Ortstermin zu überreden, folgt ein sehr einseitiges Gespräch über die erforderlichen Maßnahmen. Wundern Sie sich nicht, wenn Sie zu Ihren Vorschlägen und Wünschen nur etliche „hms" zu hören kriegen, vielleicht mal ein „geht nicht" – und vor allem mit Blicken bedacht werden, die so viel heißen wie: „Schätzchen, wie stellst du dir das denn vor?"
Davon darf man sich auf keinen Fall irritieren lassen.
Sagen Sie klipp und klar, was Sie wollen. Wenn Sie sich selbst noch nicht sicher sind, schildern Sie das Problem in einfachen Worten (die weibliche Lust am Ausschmücken ist hier absolut fehl am Platz) und fordern Sie von dem Fachmann einen Lösungsvorschlag. Das ist sein Job. Wenn Sie sich einigermaßen verständigt haben, teilen Sie dem Mann genau mit, bis wann die Sache erledigt sein muss. Dann bitten Sie um einen schriftlichen Kostenvoranschlag. Am besten machen Sie solche Termine mit zwei bis drei verschiedenen „Kandidaten" – nervt, aber lohnt sich, die preislichen Unterschiede sind mitunter groß.
Wenn Sie den Handwerker schließlich beauftragen, so geschieht das auf Grundlage des Kostenvoranschlags. Die endgültigen Kosten sollten im Idealfall den vorab berechneten entsprechen, nur bei unvorhergesehenen Schwierigkeiten dürfen sie 15–20 % höher ausfallen als angegeben. Schreiben Sie sich trotzdem immer auf, wie lange die Handwerker bei Ihnen waren, und lassen Sie sich in der

Endabrechnung sowohl die Arbeitsstunden als auch die Materialkosten einzeln aufführen. Überprüfen! Und gegebenenfalls noch mal nachfragen!

02. Bevor die Truppe anrückt

Sichern Sie Ihre Wohnung. Denken Sie dabei an Ihren vierjährigen hypermotorischen Neffen: Räumen Sie alles aus dem Weg, was nicht kaputtgehen soll (Vasen, Skulpturen etc.), decken Sie alles ab, was nicht dreckig oder zerkratzt werden soll (Fußböden, Schranktüren etc.). Die Handwerker werden möglicherweise etwas pikiert sein und sagen, das hätten sie natürlich auch selbst abgedeckt. Spätestens, wenn Sie darauf einmal vertraut haben, wissen Sie: abdecken kann man so – oder so. Also machen Sie es am besten so, wie es Ihnen sicher erscheint, und trällern der Einsatztruppe ein fröhliches „Ich habe schon mal ein bisschen Folie ausgelegt!“ entgegen. Im günstigsten Fall wird es nicht als Einmischung, sondern als Gefallen quittiert.
Besorgen Sie einen ausreichenden Vorrat an Getränken: Mineralwasser oder andere Softdrinks. Keinen Alkohol!

03. Auge in Auge mit dem Fachpersonal

Behandeln Sie die Leute niemals herablassend! Zeigen Sie Ihnen die „Baustelle“, bieten Sie einen Kaffee an. Seien Sie freundlich, aber bestimmt. Sie sind der Chef dieser Operation. Was Sie sagen, muss gemacht werden. Wenn Sie unsicher sind, fragen Sie – aber nicht im Häschen-Ton! Wenn Ihnen etwas komisch vorkommt, mischen Sie sich ein. Und zwar bevor die Wand rosa statt gelb ist oder die Spüle an der falschen Seite angebracht ist.
Bieten Sie auch zwischendurch immer wieder Kaffee an – zum Nachmittag vielleicht mit ein paar Keksen –, und die Männer fressen Ihnen aus der Hand.

Abb. Auge in Auge mit dem Fachpersonal

⚠ *Übertreiben Sie es nicht mit der Gastfreundschaft. Kaffee und Kekse reichen auch.*

04. Fertig!

Bevor die Handwerker Ihre Baustelle endgültig verlassen, machen Sie eine Endabnahme, am besten mit dem Meister. Reklamieren Sie alles, was nicht in Ordnung ist. Einigen Sie sich, ob die Fehler behoben werden können – oder ob sich das Problem nur durch einen Preisnachlass regeln lässt. Denn leider passiert es immer wieder, dass trotz aller Vorsichtsmaßnahmen irgendwelche Schäden verursacht werden: Kratzer im Fußboden, Flecken an der Wand etc. Die Handwerksfirma wird Ihnen deshalb keinen neuen Fußboden kaufen – es bleibt nur die Möglichkeit, das Ganze über den Preis zu regeln.

05. Trinkgeld

Wird nicht erwartet. Aber wenn Sie mit den Handwerkern zufrieden waren, freuen die sich natürlich über ein Trinkgeld. Geben Sie jedem Arbeiter (nicht dem Chef!) 10 bis 20 Euro – je nach Größe des Auftrags.

02 VORHER – NACHHER

DIE AUFGABE

Bevor Pinsel, Putzkelle oder Tapezierquast geschwungen werden können, muss noch einiges vorbereitet werden. Erstens: Alles abdecken, was von Farbe, Putz und Kleister unberührt bleiben soll. Klingt larifari, ist aber wichtig! Zweitens: Wände müssen vorbereitet werden.

AUFWAND

SCHWIERIGKEITSGRAD

Leicht

PERSONAL

Das schaffen Sie alleine!

ZEITAUFWAND

Nur abdecken: 1 Stunde für ein 20-qm-Zimmer

Tapete muss noch ab? Dann rechnen Sie mit 1–2 Tagen – je nach Klebkraft der alten Tapete

SAUEREI-FAKTOR

Beim Abdecken: gleich null.

Beim Tapetenablösen: mittel bis heftig

FITNESS-FAKTOR

Beim Planekleben? Naja. Geht eher ein bisschen in den Rücken.

Aber Tapete abschaben: Das bringt Armmuckis!

02

VORHER – NACHHER

DIE THEORIE

Ein paar alte Zeitungen auslegen, Tapetenlöser an die Wand, und der Raum ist so gut wie perfekt für die folgende Renovierung.

DIE PRAXIS

Abdecken geht nie husch-husch. Planen Sie genug Zeit ein, um Fußboden und Möbel vor den Spätfolgen der Renovierung zu schützen. Tapetenlösen kann durchaus ein bis zwei Tage dauern – gerade im Altbau, wo oft mehrere Schichten dubios verklebter Blümchentapete von der Wand getrennt werden müssen.

DER GUTE RAT
Wenn Sie stattdessen mit einem Drucksprühgerät arbeiten, sparen Sie Zeit (s. S. 43).

WERKZEUG

QUAST

SPACHTEL

MATERIAL

01. Plane oder Malerpapier
Hier bitte nicht an Geld sparen! Es gibt sehr dünne Plane für sehr wenig Geld (ab 1 Euro): Nicht kaufen, reißt schon beim Anpusten. Wenigstens die Qualität „mittel" wählen. Gut eignet sich auch Malerpapier, das es auf Rollen gibt. Vorteil: Nicht so rutschig. Nachteil: Wenn Sie Farbe (oder Tiefengrund, Putz, Kleister etc.) sehr großzügig verteilen, könnte das Papier durchweichen.

02. Maler-Klebeband

03. Tapetenlöser

Oft reicht es, die Tapeten mit Wasser anzufeuchten. Den teuren und chemiebelasteten Tapetenablöser kann man sich häufig sparen – es sei denn, die Vormieter haben ihre Tapeten mit Patex angeklebt.

WAS WIRD WIE UND WOVOR GESCHÜTZT

Wandfarbe

Die Möbel sollten Sie – soweit möglich – in ein anderes Zimmer bringen. Zur Not kann man größere Möbel auch in die Raummitte schieben und mit einer Plane oder einem alten Bettlaken abdecken. Der Fußboden wird ebenfalls mit einer Plane abgedeckt. Falls Sie hoffen, die Plane oder Folie nach dem Renovieren wiederverwenden zu können: Vergessen Sie's. Meistens ist nach dem Streichen alles voller Kleckse und Krümel, sodass man nur noch zusehen sollte, die Plane so zu entsorgen, dass nicht der ganze Dreck in der Wohnung verteilt wird. Die Plane oder das Malerpapier wird so verlegt, dass garantiert kein Streifen Fußboden am Rand mehr hervorschaut. Am besten mit einigen Klebestreifen an der Fußleiste fixieren, damit nichts verrutscht. Auch wenn das sorgfältige Abdecken eine sehr öde und nervtötende Tätigkeit ist: Es lohnt sich!

Tiefengrund

Genauso sorgfältig abdecken und hinterherwischen wie bei Wandfarbe. Achtung: Tiefengrund ist transparent (manchmal leicht bläulich) und daher schlecht zu sehen. Gehen Sie systematisch vor, damit nicht ein Türrahmen vergessen wird. Im Gegensatz zu Wandfarbe, die man nach dem Trocknen von glatten Flächen zumindest abschrubben oder -kratzen kann, geht Tiefengrund nie wieder ab!

DER GUTE RAT

Das Abkleben von Fenster- und Türrahmen können Sie sich sparen. Es dauert ewig, verbraucht Unmengen an Klebeband, und hinterher ärgern Sie sich, weil an einigen Stellen doch kleine Streifen der alten Wandfarbe zu sehen sind. Stattdessen: Einen Eimer warmes Seifenwasser und einen Schwamm bereitstellen, um die Farbe direkt abzuwischen.

02 VORHER – NACHHER

DER GUTE RAT

Bei Fensterscheiben muss doch das Klebeband bemüht werden – einmal rundum bündig zum Fensterrahmen abkleben.

Lacke

Lackiert wird ja in der Regel das, was sonst geschützt wird – also Fenster- und Türrahmen sowie Heizkörper. Auch wenn es überflüssig erscheint: Den Fußboden großflächig abdecken (s.o.) und darauf achten, wo man hintritt! Der Klassiker ist nämlich ein Farbklecks auf der Abdeckfolie, reintreten und dann den Lack unbemerkt in der Wohnung verteilen. Ansonsten muss man beim Lackieren auf eine ruhige Hand vertrauen, denn zwischen Wand und z. B. Türrahmen kann man normalerweise nicht abdecken oder abkleben.

Tapetenkleister

Ein sehr angenehmes Material. Der Kleister geht problemlos wieder ab, und von glatten Flächen lässt er sich sogar nach dem Trocknen abwischen oder abziehen. Trotzdem (vor allem bei Teppichfußboden) sorgfältig abdecken.

Putz

Auch Putz ist viel unproblematischer, als er aussieht. Von Holz- oder PVC-Fußböden (sowie von Heizungen, Fenster- und Türrahmen, Kacheln etc.) lässt er sich auch nach dem Trocknen ganz leicht abwischen. Trotzdem ist ein Fußboden voller Putz nicht unbedingt erstrebenswert. Also: Alle Fußböden vorher abdecken, das ist unterm Strich die saubere-re und zeitsparendere Lösung.

ERSTE HILFE BEI UNFÄLLEN

Hilfe – ein Klecks!?

Keine Panik: In feuchtem Zustand lassen sich sogar Lacke von glatten Flächen abwischen. Daher immer einen Eimer mit warmem Seifenwasser und Schwamm bereitstellen.

Wandfarbe auch am besten feucht abwischen. Allerdings kann man diese Farbkleckse auch im angetrockneten Zustand meist wieder abschrubben – zumindest von glatten Flächen. Lacke kann man später evtl. vorsichtig mit einem Glasschaber abkratzen (z. B. von Fensterscheiben!). Problematisch wird es nur bei Teppichböden und Polstermöbeln. Einmal vollgekleckert, für immer versaut. Treffen Sie hier besonders sorgfältige Vorsorge!

TAPETEN ABLÖSEN/WÄNDE VORBEREITEN

Tapetenablösen ist meistens eine der leichteren Übungen. Man braucht keine Fachkenntnisse und kaum Werkzeug – aber es kann dauern!
Am besten schaffen Sie sich dazu ein Drucksprühgerät (auch Düngemittelspritze genannt, Preis: etwa 10 Euro) an, das man mit Wasser füllt und damit die Wände einsprüht. Das ist wesentlich entspannter und sauberer, als mit einem Quast zu arbeiten. Einwirken lassen, evtl. noch mal einsprühen – und los geht das Geschabe. Wer einen Altbau bewohnt, wird nun die Feststellung machen, dass nicht nur die Tapete abgeht, sondern auch die Wand. Jedenfalls Teile der Wand. Manchmal werden die Wände eben nur noch von den Tapeten zusammengehalten. Kleinere Unebenheiten lassen sich später mit einer festen Tapete verdecken – zum Kleben einer dünnen Tapete muss die Wand sehr glatt sein! Wenn Sie gar nicht wieder tapezieren, sondern die „rohe“ Wand streichen wollen, werden Sie wahrscheinlich auch einen sehr glatten Untergrund brauchen – es sei denn, Sie lieben es rustikal. Wie auch immer: Wenn Sie den Eindruck haben, die Wand braucht nach dem Tapetenablösen eine Schönheitskur mit Reha, dann lesen Sie weiter auf Seite 54.

ACHTUNG

Für Altbaubewohner: Früher wurde oft mit Leimfarbe gestrichen – wenn davon noch Reste auf der Wand sind, hält weder Tapete noch Putz oder Farbe. Wenn die Wand also nach Ablösen der alten Tapete noch irgendwie farbig aussieht und nicht putz-grau, dann schrubben Sie sie sicherheitshalber noch mal ab: Mit Schwamm und warmem Spüli-Wasser.

Abb. Tapeten ablösen

01a Wertsachen vor Schmutz schützen

01b Tapete mit Wasser einsprühen

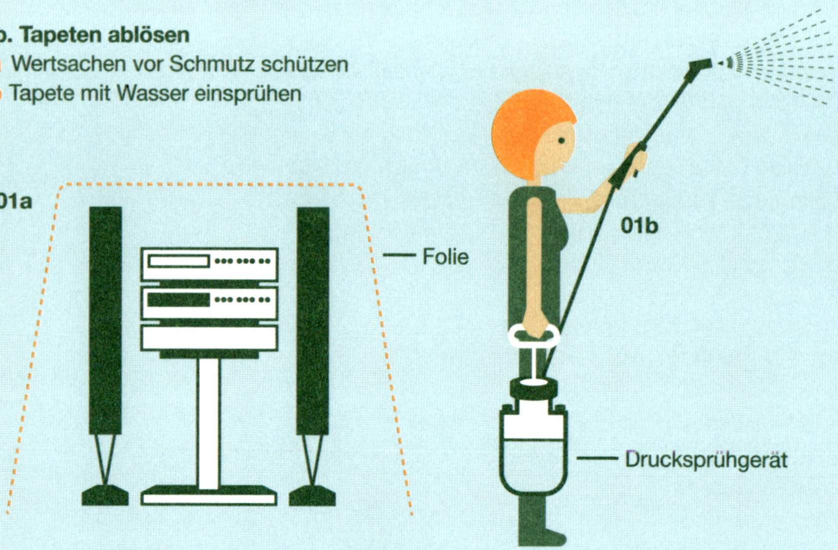

Abb. Tapeten ablösen/Glück

02a Tapete abziehen

02b Evtl. Putz abschlagen

Abb. Tapeten ablösen/Pech

Was Ihnen blühen kann – der Schock unter der alten Tapete: Wenn Ihnen beim Tapetenlösen die halbe Wand entgegenkommt, erwartet Sie weitere Arbeit. Wenn Sie Schimmel oder andere Hässlichkeiten unter der Wand finden, müssen diese erst beseitigt werden.

Ein Profi muss her

Weißlich schimmelige oder spinnwebartige Stellen könnten auf den gefürchteten Schwamm hinweisen. Rufen Sie auf jeden Fall einen Fachmann! Bei (schwärzlichen) Schimmelflecken an Wohnungswänden, die zugleich Außenwände sind, geben Sie zuallererst Ihrem Vermieter Bescheid.

SCHLAMPENRENOVIERUNG

Flecken

Gilt für alle Flecken (Wasser-, Rost-, Ruß-, Fett- oder Nikotinverfärbungen): Damit sie nicht durchscheinen, müssen sie vor dem Tapezieren (und auch vor dem Verputzen und/oder Streichen!) mit Isoliersperrgrund gestrichen werden. Superwichtig! Wenn Sie das vernachlässigen, ärgern Sie sich hinterher beim Anblick Ihrer Wand buchstäblich scheckig.

Schimmel

Schimmelpilz (auf der Tapete bzw. der gestrichenen Wand) sieht aus wie schwarzer Staub. Er kann Folge eines alten Wasserschadens sein – dann stehen die Chancen gut, dass Sie ihn wieder loswerden. Wenn Sie Schimmel entfernen wollen, muss sichergestellt sein, dass die Wand trocken ist; zur Not greifen Sie zum Fön (Staubmaske tragen!). Wischen Sie den Schimmel mit einer Bürste ab; anschließend eine Anti-Schimmel-Grundierung auftragen (evtl. sind mehrere Aufträge erforderlich). Die Grundierung kann dann übergestrichen oder übertapeziert werden.
Oft entsteht Schimmel in Bädern, weil dort immer Feuchtigkeit auf die Wände einwirkt. Sorgen Sie für mehr Belüftung und wählen Sie für einen Neuanstrich eine spezielle Feuchtraumfarbe (s. S. 83)!

VORHER – NACHHER

EIN RENOVIERUNGSTAG GEHT ZU ENDE

Zehn Uhr abends. Sie haben gerade 80 qm Wand gestrichen, tapeziert oder verputzt – und würden jetzt gerne mit einem Glas Wein aufs Sofa sinken. Aber wie sagt man immer so schön zu kleinen Kindern: Erst aufräumen! Das gilt jetzt auch für Sie. Allerdings geht es mit ein paar Tricks schneller und leichter, als es zunächst aussieht.

Nach dem Streichen

Sie denken, sie müssten jetzt stundenlang Farbrollen und Pinsel auswaschen? FALSCH! Auswaschen dauert ewig, verbraucht endlos viel Wasser, versaut die Umwelt und das Waschbecken. Deshalb: einwickeln statt auswaschen. Dazu brauchen Sie nur eine Plastiktüte und Klebeband. Farbrolle bzw. Pinsel noch mal in die Farbe tauchen, fest in die Plastiktüte wickeln und zukleben. Es sollte möglichst keine Luft mehr in der Tüte sein, sonst trocknet die Farbe zu schnell. Auf diese Weise kann man benutzte Farbrollen bis zu zwei Wochen aufbewahren – und sich so in aller Ruhe den zweiten Anstrich oder das nächste Zimmer vornehmen.
Danach schmeißen sie alles weg. Ja, Sie haben richtig gelesen. Wenn Sie den Raum fertig gestrichen haben, haben die Farbrollen ihre Schuldigkeit getan. Für die nächste Renovierung in drei Jahren kauft man am besten neue Rollen. Ach ja: Die Bügelgriffe dürfen Sie natürlich aufheben.

ACHTUNG

Leere Farbeimer, Lackdosen, gebrauchte Pinsel und Farbrollen gehören in den Sondermüll!

Nach dem Lackieren

Gilt das Gleiche. Bloß nicht die Pinsel in fiesem Nitroverdünner o. ä. auswaschen. Stinkt, ist eklig – und richtig sauber werden die Dinger eh nicht wieder. Also auch in eine Tüte wickeln und einfach weiterbenutzen. Und dann wegschmeißen.

Nach dem Tapezieren

Den Tapetenquast „darf“ man gern auswaschen. Der Kleister geht schnell raus und saut auch nicht das Waschbecken ein. Kleisterreste gut verschließen (am besten in einem Malereimer mit Deckel, zur Not geht auch Frischhaltefolie), dann können sie am nächsten Tag (oder sogar mehrere Tage) weiterverwendet werden. Wenn Sie ihn gar nicht mehr brauchen, können Sie den Kleisterrest bedenkenlos in den Hausmüll werfen.

Nach dem Verputzen

Den Eimer so gut es geht auskratzen. Die Putzkrümel und -klumpen z. B. auf einer Zeitung sammeln und die allerletzten Reste evtl. mit einem Papiertuch auswischen. Erst dann den Eimer mit etwas Wasser füllen und gut ausschrubben. Das geht am besten – nicht lachen! – mit einer Toilettenbürste. Sie sollten sich allerdings eine frische gönnen, die Sie nur zum Saubermachen Ihrer Heimwerker-Utensilien benutzen. Der Putz lässt sich damit sehr leicht abbürsten, und derart verdünnt können Sie das Wasser in die Toilette kippen. Wenn noch zu viele Reste im Eimer sind, sammeln sie sich im Abflussrohr – Verstopfungsgefahr (s. S. 150)!

Abb. Ein Renovierungstag geht zu Ende

Wohin mit all dem Zeug?

Man braucht es unbedingt – aber oft nur einmal im Jahr: Skiausrüstung, Luftmatratzen, Weihnachtsdeko, Ostergras & Co. Wenn Sie ein Haus mit Keller und Dachboden haben, können Sie diese Seiten überspringen. Wenn Sie aber in einer Etagenwohnung leben und sich auch regelmäßig fragen, wohin mit all dem Zeug? Finden Sie hier ein paar Antworten.

Abstellraum Wenn Sie einen schmalen, dunklen Abstellraum in der Wohnung haben: Fangen Sie gar nicht an, dort Kisten neben Staubsauger auf Schlitten über Schuhputzsachen zu stapeln – Sie werden sich jeden Tag ärgern, weil Sie entweder nichts finden oder erst alles ausräumen müssen, bevor Sie an das Gesuchte herankommen. Räumen Sie die ganze Kammer aus und stellen Sie ein (billiges) Regal auf – am besten eines, das aus verschiedenen Elementen zusammengebaut werden kann. Das Regal sollte so hoch wie möglich reichen und jede Ecke ausfüllen. Selten gebrauchte Sachen (Skiausrüstung, Weihnachtsdeko) kommen ganz nach oben, Vorräte für den täglichen Gebrauch (Toilettenpapier, Ersatzzahnbürsten) in die Mitte und gelegentlich benötigte Dinge (Werkzeugkasten, Schuhputzzeug) nach unten. Und denken Sie an ausreichende Beleuchtung, damit Sie auch die Schuhputzsachen hinter dem Werkzeugkasten finden!

Wohnlicher Stauraum Wenn Sie keinen oder sehr wenig Abstellraum haben, sind Sie darauf angewiesen, Ihr „Gedöns" unauffällig in der Wohnung zu verteilen. Am besten geeignet dafür sind Schränke: Sie sollten möglichst hoch sein, der Raum zwischen Decke und Schrank muss nicht verschenkt werden! Wenn Sie Ihre Küche neu einrichten, nutzen Sie die Gelegenheit, hier viele große Ober-

DER GUTE RAT

Bedenken Sie bei der Planung ganz genau, welche Regalböden-Abstände für Ihren speziellen Krempel sinnvoll sind. Für Schuhe brauchen Sie nur 20 bis 30 cm, für die Kiste mit Putzmitteln, in die Sie öfter mal reingreifen müssen, eher 40 cm.

schränke unterzubringen. Die hängen an der Wand, stören niemanden und bieten viel Platz.
Machen Sie einen Wohnungsrundgang: Wo ist noch ungenutzter Platz? Unter dem Bett vielleicht? Dann kaufen Sie sich Bettkästen mit Deckel (es gibt sie in verschiedenen Größen, z. B. bei IKEA). Wenn Sie über einen einigermaßen breiten Flur verfügen, ist hier ein optimaler Platz für ein Regal – entweder bis unter die Decke, oder aber so niedrig, dass man es als Bank nutzen kann und die Aufbewahrungsfächer darin verschwinden. Eine solche lange Bank macht sich auch sehr gut im Wohnzimmer vor dem Fenster oder statt eines spießigen Hifi-Möbels.

Ein Profi kann helfen Wenn Sie eine sehr kleine Wohnung mit sehr wenig Stauraum haben, lohnt es sich eventuell, einen Profi zu Rate zu ziehen. Innenarchitekten oder Tischler haben manchmal wirklich zündende Ideen und zaubern Platz herbei, wo eigentlich keiner ist. Unter Treppen, als eingezogenen Boden, als vorgezogene Wand – so was kriegt man schwerlich allein hin. Der Tischler baut Ihnen auch ein Regal, ein Hochbett, eine Bank genau passend für Ihre Nische. Wenn Sie dadurch wirklich Stauraum gewinnen, ist es die Investition vielleicht wert.

Abb. Wohnlicher Stauraum

03 VERPUTZEN

DIE AUFGABE

Wer einen Altbau bewohnt, muss damit rechnen, dass beim Entfernen alter Tapeten nicht nur die Tapete abgeht, sondern auch die Wand. Jedenfalls Teile der Wand. Das können kleine Brösel sein oder ganze Placken mit altem Putz. Und dann müssen Sie ran.

AUFWAND

●●●●● **SCHWIERIGKEITSGRAD**
Hoch

○○○○● **PERSONAL**
Selbst ist die Frau!

●●●●● **ZEITAUFWAND**
Hoch – ca. 1 Woche für ein 20-qm-Zimmer (ohne Wände vorbereiten), wenn Sie das ganze Programm durchziehen müssen

○●●●● **SAUEREI-FAKTOR**
Schlimm – vor allem am Anfang landet mehr Putz auf dem Körper und dem Fußboden als an der Wand

○●●●● **FITNESS-FAKTOR**
Hoch – trainiert den ganzen Körper, vor allem Arm- und Bauchmuskulatur. Nachteil: maximale Verspannungen

03 VERPUTZEN

DIE THEORIE

Man rührt so eine Art Mörtel an und spachtelt damit möglichst glatt die Wand zu. Bei Maurern sieht das immer ganz einfach aus.

DIE PRAXIS

Verputzen ist eine Aufgabe, die es in sich hat. Man kann verzweifeln und den Fachmann rufen – oder es selbst in die Hand nehmen. Wenn man die Technik einmal raus hat, ist es gar nicht so schwer. Aber: Es dauert, und es ist anstrengend.

WERKZEUG

DER GUTE RAT
Aus Kunststoff – ein super Hilfsmittel zum Anrühren kleiner Mengen, anstelle der Kelle. Billig, leicht zu handhaben, leicht sauber zu machen.

MAURERKELLE

PFANNENWENDER

GLÄTTER

RÜHRAUFSATZ

EIMER

BAU-EIMER

Sinnvolle Anschaffung, wenn Sie größere Flächen von Tapeten befreien und/oder neu verputzen müssen (s. S. 43).

2 X SPACHTEL

DRUCKSPRÜHGERÄT

FLÄCHENSPACHTEL

MATERIAL

01. Feinputz

Zum Beispiel Rotband (Wände) bzw. Goldband (Decke) von Knauf. Die ganz exakte Bezeichnung lautet: Haftputzgips. Angerührt sieht es aus wie Mörtel, enthält aber im Gegensatz zum diesem keinen Sand und keinen Zement. Nach dem Trocknen ist der Feinputz fast weiß. Zementmörtel ist nach dem Trocknen grau und übrigens sehr viel härter. Mauern werden daher mit Zementmörtel gemauert und gegebenenfalls auch damit stabilisiert. Die natürliche Abfolge der Baustoffe auf einer Wand ist also: Zementmörtel, Feinputz, Feinspachtel.

02. Feinspachtel

Zum Beispiel Uniflott von Knauf. Ein faserverstärkter Gipsputz. Das Zeug ist teuer: Ein 25-kg-Sack kostet knapp 40 Euro. Deshalb sollte man so viel wie möglich mit dem wesentlich billigeren Feinputz vorbehandeln – das spart dann später jede Menge des edlen Feinspachtels. Übrigens: Sie werden überrascht sein, wenn Sie – sowohl beim Feinspachtel als auch beim Feinputz – die Preise der verschiedenen Verpackungsgrößen vergleichen. Anders als im Supermarkt, wo die Differenz meist nur wenige Cent ausmacht, kann man hier beim Kauf einer größeren Menge erheblich sparen! Und für ein 20-qm-Zimmer (alle Wände) brauchen Sie bestimmt den halben Zentner.

03. Tiefengrund (auch Haftgrund genannt)

Die Haftcreme für Ihre Wand. Allerdings nicht von cremiger Konsistenz, sondern flüssig wie Wasser. Der Tiefengrund „verklebt“ die staubige Oberfläche der verputzten Wand, so dass der Feinspachtel bzw. später die Farbe auch richtig hält. Gibt es im Baumarkt, Abteilung „Baustoffe“ – leider oft nur in 5-Liter-Kanistern – das reicht dann ziemlich lange …

03 # VERPUTZEN

BEVOR SIE LOSLEGEN

Grundsätzlich gilt: Alles, was mit der Tapete abgeht, muss ab. Und alles, was hohl klingt, auch. Also die Wand abklopfen, und wo es hohl klingt, den Putz mit einem Hammer abschlagen. Vorsichtig natürlich, Sie wollen schließlich keine komplett neue Wand hochziehen.

Ein Profi muss her

Wenn der Putz an mehreren Stellen so kaputt ist, dass schon die Mauersteine sichtbar werden (großflächige Schäden von etwa 5 cm Tiefe), sollten Sie evtl. den Maurer rufen. Dann nämlich muss erst noch Zementmörtel an die Wand. Wenn es nicht so viele Stellen sind und sie eine echte Heldin sind: Kaufen Sie sich einen Sack Zementmörtel und heißa drauf los – getreu der Anleitung auf dem Sack.

Bevor man die nötigen Materialien kauft, ist eine Bestandsaufnahme fällig: Reichen die Schäden nicht tiefer als 1 cm, genügt der Auftrag eines Feinspachtels. Wenn es nur wenige Stellen sind, kann man gut punktuell glätten und muss nicht die ganze Wand erneuern. Sieht die Wand eher aus wie ein gerodeter Acker, empfiehlt es sich, mit Feinputz vorzuarbeiten. Das klingt nach Arbeit, ist im Endeffekt aber wesentlich leichter, befriedigender und billiger als zu versuchen, große Schäden mit dem dafür ungeeigneten (und teuren!) Feinspachtel zuzukleistern.

LOS GEHT'S

01. Tiefengrund auftragen

Vor dem Verputzen muss die Wand mit Tiefengrund eingepinselt werden. Schneller geht es auch hier wieder mit der Sprühtechnik (s. S. 43): Einfach Tiefengrund in die Düngemittelspritze füllen und an die Wände sprühen. Tiefengrund sorgt dafür, dass der neue Putz auf der alten Wand hält und nicht wieder abplatzt, und sollte vor jedem neuen Materialauftrag – sei es Feinspachtel auf Feinputz oder Farbe auf Feinspachtel – wieder aufgesprüht werden. Er sollte möglichst einen Tag trocknen. Nervig, aber es lohnt sich!

02. Feinputz anrühren

Empfindliche Naturen sollten sich gegen den Staub beim Anrühren der Putz- und später auch der Spachtelmasse einen Nasen- und Mundschutz (= Staubmaske) aufsetzen. Wer ganz sicher gehen will, trägt dazu noch eine wenig kleidsame Schutzbrille (s. S. 33). Das beunruhigende schwarze Kreuz auf der Verpackung bedeutet nämlich vor allem, dass der feine Staub gefährlich für Augen und Atemwege ist. Ist der Putz einmal angerührt, hält es sich mit der Gefahr in Grenzen. Man sollte allerdings trotzdem darauf achten, dass das Zeug nicht in die Augen (ätzend!) und in Unmengen an die Haut (auslaugend!) kommt.
Zur Übung rührt man erst mal nur kleine Mengen an, denn die Masse „zieht" nach etwa einer Stunde „an", d. h. sie wird allmählich härter und lässt sich dann nicht mehr verarbeiten. Ein Tipp für Auszubildende: Füllen Sie einen 12-Liter-Eimer mit drei bis fünf Zentimeter Wasser und schaufeln Sie mit der Kelle nach und nach den Putz dazu, bis eine sämige Masse entsteht. Dabei immer umrühren, mit dem Bohraufsatz oder mit einer zweiten (trockenen!) Kelle. Das Ergebnis sollte etwa die Konsistenz eines zähen Rührteiges haben.

⚠

ACHTUNG

Tiefengrund sieht harmlos aus, wirkt aber wie Lack, geht also extrem schwer von Haut etc. ab. Besonders gefährdet sind Tür- und Fensterrahmen!

⚠

ACHTUNG

Nach dem Sprühen von Tiefengrund unbedingt sofort die Düse des Drucksprühgeräts gründlich säubern, sonst verklebt sie!

Abb. Verputzen

01a Schutzkleidung anlegen
01b Wand mit Tiefengrund einsprühen
02 Putz anmischen
03a Große Löcher mit Feinputz füllen

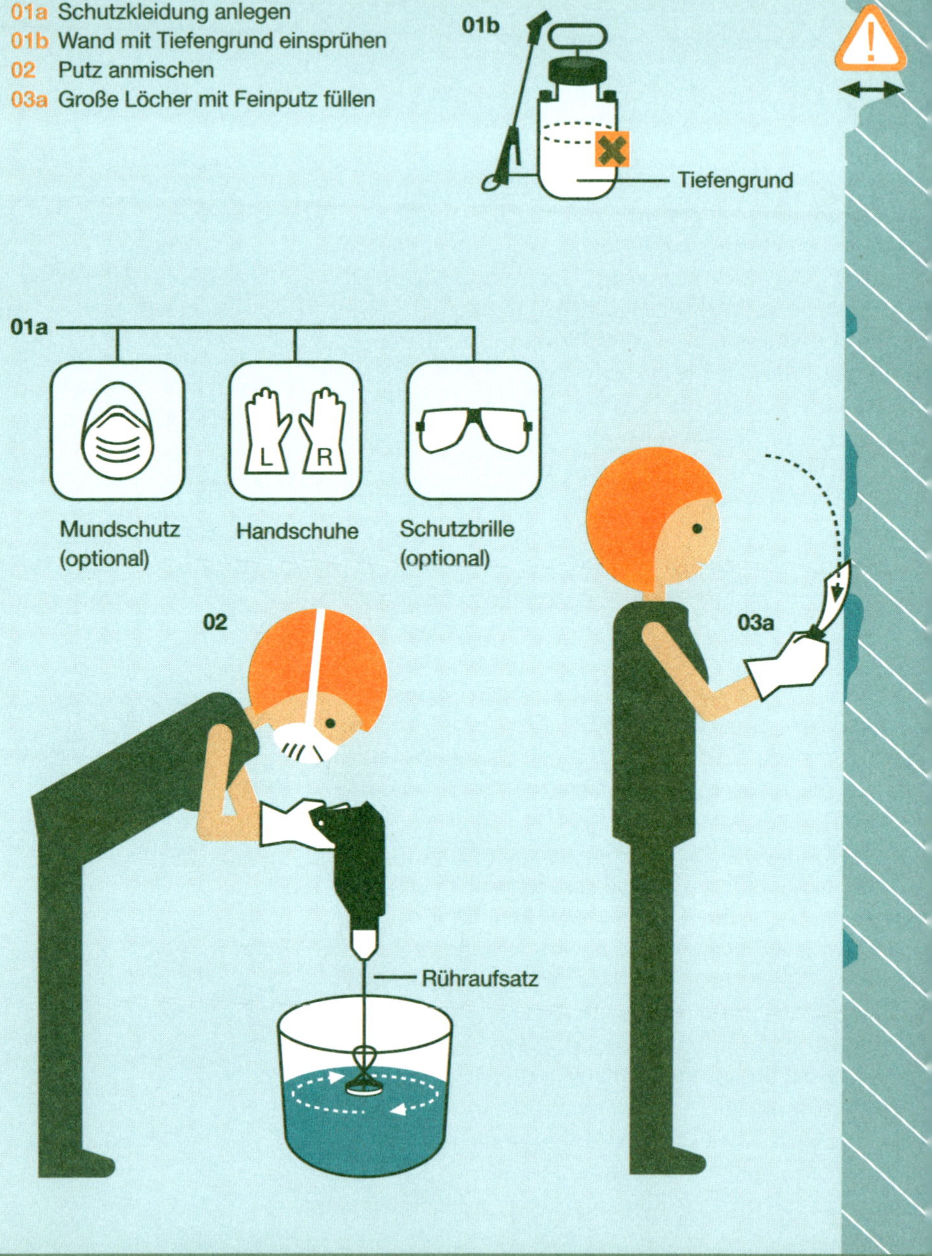

Wenn die Schäden tiefer als 5 cm sind, muss da erst noch Zementmörtel rein!

03. Nun geht es an die Wand

Bevor man die ganze Wand glättet, sollten große Löcher mit Putz gefüllt werden, am besten mit einem kleinen Spachtel. Achten Sie darauf, dass nichts übersteht, denn der Putz wird hinterher hart wie Stein und lässt sich – im Gegensatz zum Feinspachtel – nicht abschleifen. Gut trocknen lassen, bevor Sie sich die Wand in Gänze vornehmen.
Das wird kein Spaziergang, aber mit etwas Übung sieht das eigene Werk besser aus, als von einem unmotivierten Maurer drangeklatscht. Und macht ungemein stolz.
Also beherzt den Glätter ergreifen (mit Ihrer Schreibhand), mit der Kelle (oder dem Pfannenwender!) etwas Feinputz daraufgeben, dann auf die Wand drücken. Den Glätter leicht anwinkeln und mit viel Druck seitlich wegziehen. Je dünner die Schicht ist, umso besser. Es empfiehlt sich, die Wand von oben nach unten zu bearbeiten.
Wenn der angerührte Putz aufgebraucht ist, den Glätter säubern. Prüfen, ob der Putz schon leicht angetrocknet ist. Dann einen Eimer Wasser nehmen und mit dem Schwamm den Putz einreiben und noch einmal mit dem Glätter glatt ziehen. Erst jetzt die nächste Runde anrühren und wieder von vorn anfangen – und so weiter, bis die ganze Wand mit einer hübschen neuen Schicht Putz versehen ist.
Diese gut trocknen lassen. Je nach Stärke des Auftrags dauert das etwa einen Tag. Erst wenn keine dunklen (= feuchten) Stellen mehr zu sehen sind, geht's weiter!

04. Feinspachtel auftragen

Der Feinspachtel wird genauso angerührt wie der Putz. Aufgetragen wird er aber mit dem Flächenspachtel. Nicht so anstrengend und macht viel mehr Spaß! Auch hier wieder: So dünn wie möglich auftragen. Meistens braucht man eine zweite Schicht – je nachdem, wie glatt der Untergrund ist. Die wird natürlich auch erst aufgetragen, wenn die erste Schicht durchgetrocknet ist.

ACHTUNG

Oft gibt es im Mauerwerk Risse, die auch nach einem Neu-Verputzen wieder durchkommen, weil das Haus „arbeitet". Für solche Fälle gibt es im Baumarkt spezielles „Rissband", ein Gewebeband, das mit dem Putz festgeklebt wird.

Abb. Putz auftragen

03b Putz auf den Glätter geben
03c Putz auf die Wand auftragen
03d Putz einreiben
03e Mit Glätter glatt ziehen
04a Feinspachtel auf Flächenspachtel geben
04a Feinspachtel auf die Wand auftragen

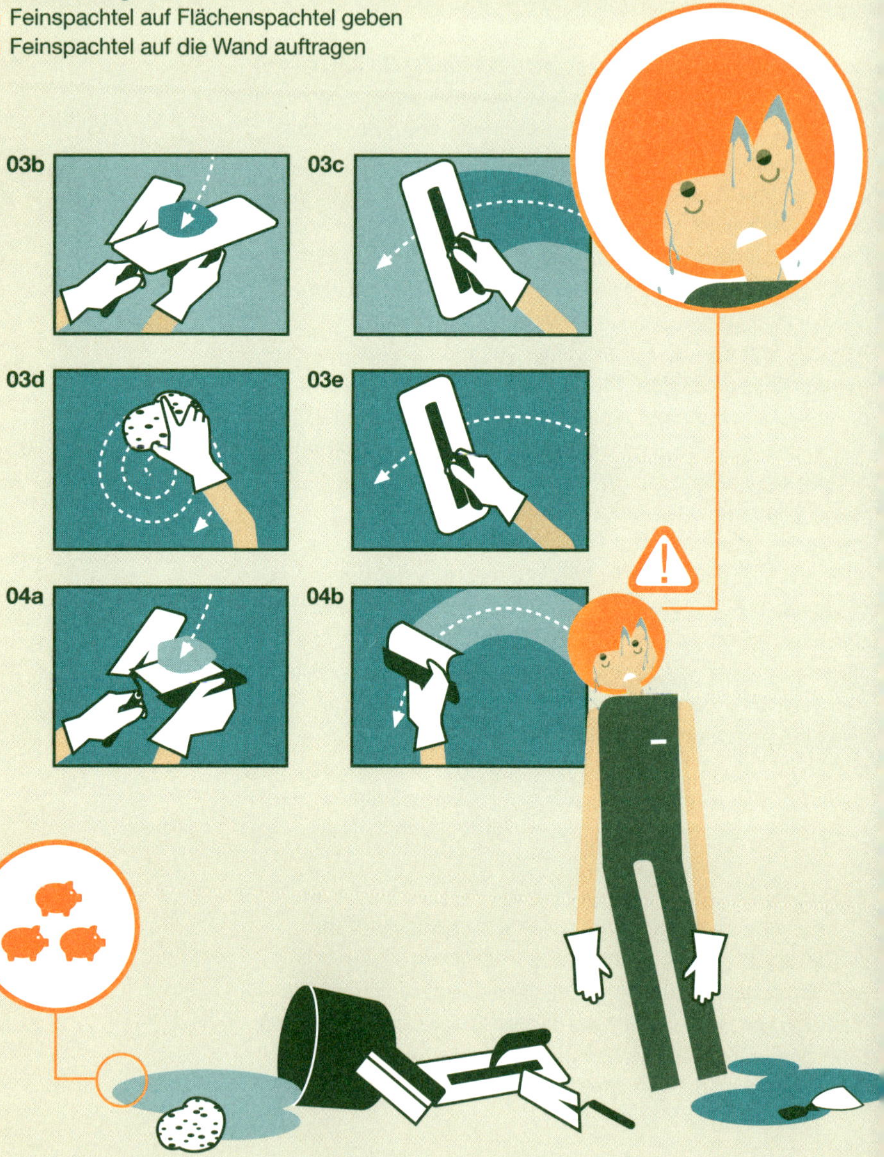

Die angerührte Masse in etwa faustgroßen Portionen auf den Flächenspachtel geben, an die Wand drücken und wegziehen (nach oben, unten oder zur Seite – je nach Bedarf). Mit etwas Routine kann man sich später an größere Portionen rantasten, damit die Sache nicht in eine 24-Stunden-Meditation ausartet. Merke: Je kleiner der Winkel zwischen Wand und Flächenspachtel und je stärker der Druck, desto besser das Ergebnis.
Diese Übung – Spachtelmasse mit Flächenspachtel an die Wand drücken – wiederholt man so lange, bis alles glatt ist.

Styling-Tipp
Wer es etwas rustikal haben will, kann auf den Feinspachtel verzichten und einfach die grob verputzte Wand streichen. Je nach Wunsch-Ergebnis können Sie sich so das abschließende Glätten mit Schwamm und Wasser sparen. Besonders wirkungsvolle Ergebnisse erzielt man durch Lasieren statt Streichen (s. S. 96). So können Sie natürlich auch eine Wand im Neubau reizvoll verändern – aber bitte vorher mit dem Vermieter absprechen!

SO GEHT'S WEITER

Vor dem anschließenden Streichen sollte die ganze Wand einmal mit Schleifpapier sauber geschliffen werden. Und: Zum Abschluss noch einmal Tiefengrund aufsprühen!
Zwischen Wand und Tür- bzw. Fensterrahmen und zum Abschluss der Fußleiste kommt – wenn alles fertig verputzt ist und vor dem Streichen – eine Fuge aus Acryl. Das nennt sich dauerelastische Verbindung und ist sehr wichtig, weil das Holz der Rahmen und Fußleisten arbeitet und so eine Fuge aus Putz immer wieder „sprengen“ würde.

VERPUTZEN

Ein Profi muss her

So, nun wissen Sie theoretisch, wie man eine Wand verputzt und verspachtelt. Wenn Sie genug Zeit und Traute haben (oder ohnehin schon Handwerksheldin sind) – wagen Sie sich ruhig an dieses Projekt. Solange es sich „nur“ um eine Wand handelt, ist die Sache durchaus auch für willige Auszubildende zu bewerkstelligen. Wenn Sie allerdings merken, dass eigentlich *alle* Wände „neu müssen“ oder Sie – realistisch gesehen – nur ein Wochenende Zeit haben, dann sollten Sie doch einen Maurer hinzuziehen.

ERSTE HILFE BEI UNFÄLLEN

Beim Anrühren wird die Masse nicht dick

Wahrscheinlich haben Sie zu viel Flüssigkeit genommen. Kippen Sie etwas davon ab und schaufeln Sie in die restliche Flüssigkeit noch mehr Pulver.

Masse wird zu schnell hart

Da kann man nichts machen – außer wegschmeißen. Beim nächsten Mal weniger anrühren!

Es bleiben Ränder beim Auftrag des Feinspachtels

Nicht verzweifeln! Richtig glatt werden Sie es – vor allem am Anfang – niemals hinkriegen. Die Ränder kann man nach dem Trocknen abschleifen oder vorsichtig abschaben!

Putz fällt nach dem Trocknen wieder von der Wand

Der Super-GAU für jede Heimwerkerin. (Haben Sie auch wirklich vorher Tiefengrund aufgesprüht?) Es hilft nichts: Entfernen sie den Putz, soweit er locker ist. Schrubben Sie die Wand noch mal gründlich ab! Sprühen Sie noch eine Runde Tiefengrund auf und fangen Sie von vorn an.

SCHLAMPENRENOVIERUNG

Hässliches, ausgefranstes, altes Dübelloch soll unsichtbar werden

Der alte Studententrick für solche Fälle lautet: Zahnpsta reinquetschen. Davon sei abgeraten – zumal Sie die gestreiften Tuben erwischen könnten … Machen Sie sich lieber die Mühe, eine geringe Menge Spachtelmasse (z. B. Uniflott) anzumischen und das Loch professionell zuzuspachteln. Zur Not geht auch Moltofill o. ä. aus der Tube – allerdings ist das teurer, steht dann ewig irgendwo rum und wird hart.
Nach dem Trocknen die Stelle mit Wandfarbe übertupfen. Wichtig: Nicht streichen, das fällt sofort auf, sondern die Farbe schön mit einem kleinen Borstenpinsel auftupfen – das kommt der Wandstruktur am nächsten. Das geht allerdings eigentlich nur bei weißen Wänden, sonst haben Sie kaum eine Chance, den richtigen Farbton zu treffen. Wenn Sie keine weiße Farbe mehr rumstehen haben, geht auch Deckweiß (gibt es in sehr kleinen Tuben zu kaufen). Wahrscheinlich müssen Sie das Weiß mit einem Hauch Schwarz (z. B. normale Tusche) abdunkeln, denn die wenigsten Wände mit alten Dübellöchern sind noch strahlend weiß …

Putz an Kanten/Ecken bröckelt immer wieder ab

Im Baumarkt gibt es Eck-Schutzschienen aus Alublech. Die werden mit Feinspachtel auf die Kanten „geklebt“ und dann bündig verspachtelt und gestrichen. Es gibt auch weiße Eck-Schutzschienen, die man nach dem Streichen anbringt – ist einfacher, sieht aber nicht wirklich blendend aus.

Richtig einrichten

Endlich! Die Renovierungsarbeiten sind abgeschlossen, der Umzug erledigt. Das Zimmer oder die Wohnung erstrahlt in neuem Glanz. Jetzt geht es ans Einrichten. Doch bevor Sie alle Möbel wieder dahin stellen, wo sie schon immer standen, dieselben Vorhänge, Bilder und Lampen an denselben Platz hängen, sollten Sie kurz innehalten und über Veränderungen nachdenken. Sonst sieht alles ruckzuck aus wie vorher, und das strahlende Ergebnis harter Arbeit verpufft im angestaubten alten Ambiente.

Weg damit! Jetzt ist die beste Gelegenheit, sich von Sachen zu trennen, die Sie nicht mehr mögen oder noch nie leiden konnten. Das Salzteig-Schlüsselboard von Tante Gabi, das abgewetzte Schlafsofa, das sowieso klemmt, die durchgesessenen Rattanstühle, die Lampe, die immer nur Notlösung war, das teure aber geschmacklose Designerregal aus den 80ern: Weg damit! Verschenken, bei Ebay verkaufen oder auch direkt auf den Sperrmüll. Das befreit und schafft Raum für neue Ideen.

Umstellung! Das Bett stand immer an der Wand und da muss es auch wieder hin. Wer so denkt, verpasst die Chance, nach der Renovierung mal was ganz Neues auszuprobieren, ohne ein einziges Möbel neu zu kaufen. Manchmal wirkt gerade das besonders gut, was auf den ersten Blick unpraktisch bis unmöglich erscheint. Das Bett mitten im Raum – auch wenn der Platz dann nicht optimal ausgenutzt wird. Macht doch nichts, oder wollen sie vor dem Schlafen noch tanzen? Das Sofa schräg vor dem Bücherregal – obwohl man dann keinen perfekten Zugriff auf die Bücher in den unteren Reihen hat. Egal, oder schlagen Sie jeden Tag bei Proust nach?

DER GUTE RAT

Zeichnen Sie den Grundriss des Zimmers und den ihrer Möbel maßstabsgerecht auf. Schneiden Sie die Möbel aus. Schieben Sie sie auf dem Zimmer-Grundriss hin und her – und zwar auch mal dort hin, wo Sie Ihnen ganz unmöglich erscheinen! Das ist Ihnen zu abstrakt? Zeichnen Sie die Grundfläche der Möbel in Echt-Größe auf zusammengeklebte Zeitungsseiten und schieben Sie diese Papiere im Zimmer umher. Das gibt einen guten Eindruck von Abständen, Durchgangsbreiten etc.

Abb. Mut zur Lücke

Mut zur Lücke! Bevor Sie alle alten Möbel durch neue ersetzen, sollten Sie erst mal genau überlegen, was Sie überhaupt brauchen und wollen. Welche Funktion hatte z. B. die alte Kommode? Wurden dort Sachen verstaut, die man ohnehin nie braucht (dann: siehe „Weg damit!“) oder die woanders genauso gut oder besser aufgehoben sind? Dann lassen Sie den Platz, an dem die Kommode/das Regal/der Sessel stand, doch einfach erst mal frei – und warten ab.
Vielleicht gefällt Ihnen das Zimmer mit weniger Möbeln besser. Oder Sie stellen fest, der Stauraum war doch wichtig, und suchen dann in aller Ruhe etwas Neues.

Nichts überstürzen! Ja, auch Sofa oder Bett kann man eine Zeit lang entbehren: Auf Kissen sitzen, auf einer Matratze am Boden schlafen – das geht durchaus. Und währenddessen in aller Ruhe die Einrichtungshäuser abklappern, das Internet durchsuchen, Prospekte wälzen, Wohnzeitschriften studieren, Stoffproben mit nach Hause nehmen… Zugegeben, das dauert. Aber irgendwann hat man das perfekte Stück gefunden und ist froh, nicht das erstbeste genommen zu haben.

04 TAPEZIEREN

DIE AUFGABE

Tapezieren kann eigentlich jede(r). Man muss nicht schwer heben und braucht weder kompliziertes Werkzeug noch aufwändiges Material. Man macht sich nicht dreckig, es stinkt nicht und der Kleister ist sogar gut für die Haut.

AUFWAND

SCHWIERIGKEITSGRAD
Mittel

PERSONAL
Wäre gut, wenn noch eine Freundin Zeit hätte

ZEITAUFWAND
Mittel – ca. 2 Tage für ein 20-qm-Zimmer (ohne Wände vorbereiten) bei Tapeten ohne Rapport

SAUEREI-FAKTOR
Kaum – Fensterputzen saut mehr ein

FITNESS-FAKTOR
Mittel – entspricht einigen Einheiten auf dem Stepper: Sie müssen sehr oft die Leiter hoch- und runtersteigen. Nachteil: Rückenschmerzen

04 TAPEZIEREN

DIE THEORIE

Tapete zuschneiden, Kleister drauf und ran an die Wand – geht doch ruckzuck!

DIE PRAXIS

Das Wichtigste ist: Konzentration und exakte Vorarbeit, also: ausmessen, ausmessen, ausmessen und alles noch mal überprüfen. Für das Tapezieren selbst sollten Sie sich nicht scheuen, mal bei der besten Freundin anzufragen. Zu zweit klebt es sich entschieden besser. Tapeten ohne Muster können zur Not auch allein geklebt werden – je nach Größe des Raumes kann das dann aber sehr nervenaufreibend werden …

WERKZEUG

PAPIERSCHERE

ZOLLSTOCK

QUAST

TAPEZIERSCHIENE

EIMER

CUTTER

SENKLOT

LEITER

SCHNEEBESEN

DER GUTE RAT

Toll zum exakten Anzeichnen der Schnittlinien. Sie können aber auch einfach ein langes Lineal nehmen.

NAHTROLLER

TAPIZIERBÜRSTE

TAPEZIERTISCH

PINSEL

MATERIAL

01. Tapetenkleister

Unbedingt entsprechend der Tapete kaufen. Je schwerer und saugfähiger die Tapete, desto dicker muss der Kleister sein!

02. Die Tapete

Auf den Rollen steht, für wie viel Quadratmeter sie reicht. Um den Verbrauch zu bestimmen, rechnen Sie Raumumfang mal Raumhöhe geteilt durch die Quadratmeter Tapetenreichweite. Zum Beispiel: Eine Rolle Raufasertapete (0,53 m breit und 33 m lang) reicht für etwa 17 qm. Wenn Ihr Raum 3 m hoch ist und einen Umfang (die Breite aller Wände addiert) von 20 m hat, dann rechnen Sie: $20 \times 3 : 17 = 3{,}5$ Tapetenrollen.

DER GUTE RAT

Tapezierbürste/Nahtroller: ein einfaches Baumwolltuch tut es auch.

Tapeziertisch: vielleicht können Sie einen ausleihen; man kann aber ebenso gut auf dem Fußboden zuschneiden und einkleistern.

ACHTUNG

Jede Tapetenproduktion hat eine Anfertigungsnummer. Tapeten einer Serie haben die gleiche Nummer. Achten Sie darauf, wirklich alle Rollen mit der gleichen Anfertigungsnummer zu kaufen, denn bei einer Nachproduktion kann es Abweichungen in Farbe und Struktur geben!

04 # TAPEZIEREN

BEVOR SIE LOSLEGEN

Messen Sie zuerst, wie lang die Tapetenbahnen sein müssen. Achtung: Vor allem in Altbauten sind die Räume nicht an allen Stellen gleich hoch. Unbedingt überprüfen und notieren(!), wie und wo die Maße variieren.
Befestigen Sie für die erste Bahn ein Senklot. Damit später alle Bahnen exakt senkrecht verlaufen, sollte man die erste Bahn jeder Wand am Senklot ausrichten. Tapetenkleister nach Vorschrift in einem Eimer anrühren (das geht am besten mit einem ganz normalen Schneebesen) und wie bei Dr. Oetker laut Packungsanleitung ziehen lassen.

LOS GEHT'S

01. Zuschneiden und einkleistern

Schneiden Sie die erste Bahn (plus zehn Zentimeter) mit der Schere zu und kleistern Sie sie gleichmäßig ein. Vor allem die Ränder sollten gut Kleister abbekommen. Von beiden Seiten locker zur Mitte hin umfalten (ohne dass die Tapete knickt!) und den Kleister laut Packungsanleitung einwirken lassen.

02. Ankleben

Die zusammengefaltete Tapete oben mit zwei Händen greifen und wie ein rohes Ei (!) zur Wand tragen. Erst vor Ort wird die obere Hälfte vorsichtig abgezogen; das geht am besten, wenn eine zweite Person mit anfasst! Mit einigen Zentimetern Überstand zur Decke ankleben, am Senklot ausrichten und nach unten festdrücken. Dabei mit dem Baumwolltuch oder der Tapezierbürste von der Mitte zu den Seiten glatt streichen. Mit dem Tuch nimmt man auch gleich den an den Rändern herausquellenden Kleister auf. Erst wenn der obere Teil klebt, die untere Hälfte abziehen und auf die gleiche Weise festkleben.

DER GUTE RAT

Besonders für Ecken und Kanten eignet sich zum Festdrücken ein einfaches Tuch besser als die Tapezierbürste oder der Nahtroller. Nur mit dem Tuch können Sie die Tapete wirklich in die letzte Ecke drücken.

Abb. Zuschneiden und ankleben

a Tapetenkleister anrühren

01a Bahn (plus 10 cm) zuschneiden

01b Gleichmäßig einkleistern

01c Locker zur Mitte hin umfalten

02a Obere Hälfte festkleben

02b Untere Hälfte festkleben

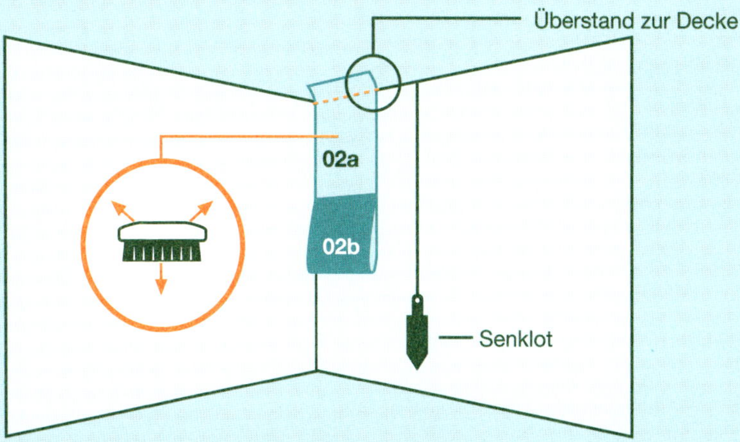

03. Zurechtschneiden

Fertig geklebt – und die Tapete ist unten zu lang? Keine Sorge, das ist nicht auf einen Messfehler zurückzuführen, sondern darauf, dass der feuchte Kleister sie in die Länge zieht. Die Überhänge unten werden sowieso erst sorgfältig mit dem Cutter abgeschnitten, wenn alles gut durchgetrocknet ist. Oben allerdings sollte man kürzen, solange der Kleister noch feucht ist: Tapete vorsichtig in die Kante drücken (z. B. mit der stumpfen Seite einer Schere), wieder abziehen, am Knick mit der Schere abschneiden und erneut ankleben. Die Schere anschließend abwischen.

04. Weiterkleben

Die nächste Bahn wird Naht an Naht geklebt (nicht überlappend!). Tapezieren Sie immer in eine Richtung und nicht kreuz und quer durch den Raum! Die letzte Bahn vor einer Zimmerecke so zuschneiden, dass sie einige Zentimeter zur nächsten Wand übersteht. Den Überstand um die Ecke kleben und die nächste Bahn dann bündig zur Ecke auf den Überstand kleben.

DER GUTE RAT

Bei sehr dicken Tapeten einen möglichst geringen Überstand lassen, sonst sieht es hinterher übel aus.

Um und über Hindernisse tapezieren

Bei Fenstern, Türen oder Heizkörpern muss man besonders exakt messen und die Aussparung herausschneiden. Je nach Größe der Aussparung kann man sie vor dem Einkleistern ausschneiden (an die Ausdehnung durch den feuchten Kleister denken!) oder während des Anklebens. Bei kleineren Hindernissen (z. B. ein aus der Wand ragendes Heizungsrohr) reicht es, die Tapetenbahn beim Kleben an der entsprechenden Stelle waagerecht einzuschneiden. Die Plastikverkleidung der Lichtschalter und Steckdosen im Raum kann man einfach abmontieren (Achtung: Sicherung raus!) und dann übertapezieren. Nach dem Trocknen die Tapete mit dem Cutter bündig abschneiden und die Blende wieder daraufsetzen.

ACHTUNG

Bei Textiltapeten sollte möglichst kein Kleber auf die Oberfläche gelangen! Wenn doch: Sofort abwischen, sonst gibt es später Verfärbungen.
Bei Struktur-, Präge- und Vinyltapeten sollten Sie beim Ankleben nicht zu viel Druck aufwenden. Sonst könnte das eingeprägte Muster leiden.

Abb. Zurechtschneiden

03a Tapete in die Kante drücken

03b Wieder abziehen, am Knick abschneiden, erneut ankleben

03c Mit Baumwolltuch (oder Tapezierbürste) glatt streichen

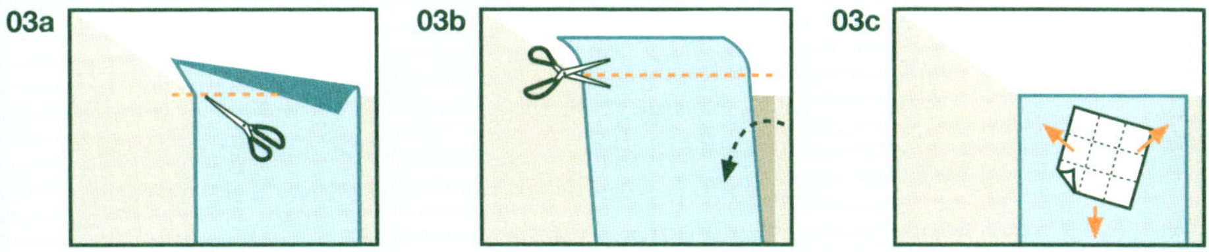

Abb. Weiterkleben

04a Naht an Naht weiterkleben

04b Überstand um die Ecke kleben

04c Bündig zur Ecke auf den Überstand kleben

04d Später Überhänge mit dem Cutter abschneiden

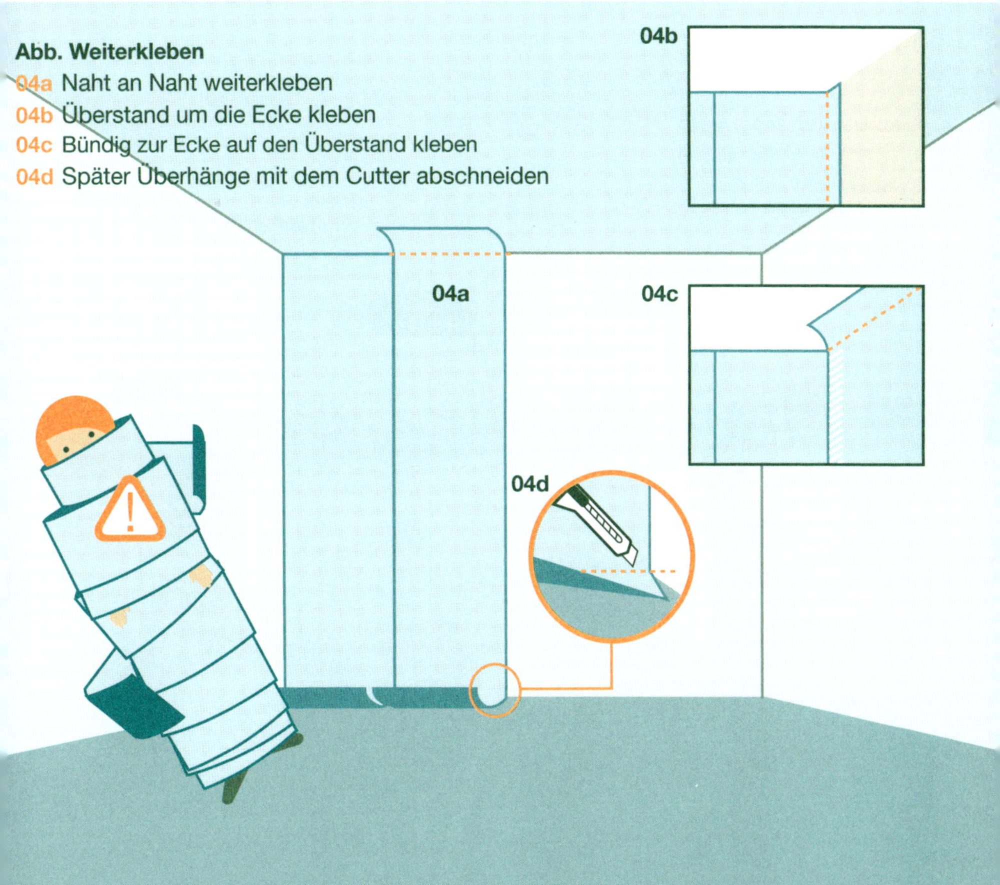

Lassen Sie sich von einer Freundin helfen, ansonsten könnten Sie sich in einer klebrigen Tapetenbahn verheddern.

04 TAPEZIEREN

DECKEN TAPEZIEREN

Alles läuft genau wie bei den Wänden, ist nur etwas nerviger in der Durchführung. Kleben Sie mit dem Lichteinfall, das heißt vom Fenster zur gegenüberliegenden Wand. Hier brauchen Sie auf jeden Fall eine zweite Person (mit viel Geduld und gutem Rückgrat), die sich mit einem sauberen (!) Besen bewaffnet und damit die Tapete hochhält – und zwar so lange, bis sie richtig klebt.

Abb. Decken tapezieren
a Tapete an Decke kleben
b Tapete hochhalten
c …bis sie hält

Ein Profi muss her

Das Kleben von Tapeten mit Rapport (für Laien: Mustertapeten) ist nur etwas für erfahrene Handwerksheldinnen. Alle anderen sollten entweder den Fachmann rufen – oder sehr viel Zeit und Nerven einplanen. Den Abstand, in dem sich ein Muster wiederholt, nennt man Rapport. Hier kann nicht einfach Bahn neben Bahn geklebt werden: das Muster sollte schließlich genau passen. Je größer das Muster, desto größer ist der Rapport und damit auch der so genannte Verschnitt (man braucht mehr Rollen!). Je mehr Rapport, desto komplizierter das Vermessen und Errechnen des Tapetenverbrauchs ... Die Größe des Rapports ist immerhin auf den Tapetenrollen angegeben – ebenso finden sich dort Hinweise zum Zuschneiden und Kleben.

Styling-Tipp

Richtig schöne Tapeten gibt es nicht im Baumarkt, sondern im Tapetengeschäft. Leider selten zu erschwinglichen Preisen. Trotzdem lohnt sich der Besuch im Fachhandel oder das Stöbern im Internet: Wenn Sie dort die Traumtapete zum alptraumhaften Preis gefunden haben, überlegen Sie, wie sie damit Akzente setzen können. Zum Beispiel, indem Sie nur eine Nische ganz edel tapezieren. Oder nur das untere Drittel des Zimmers und den Rest mit einem passenden Farbton absetzen. Zu vielen der exklusiven Tapeten gibt es eine Extra-Bordüre, die man dazwischen setzen kann. Sieht aus wie vom Interior-Design-Profi!

TAPEZIEREN

ERSTE HILFE BEI UNFÄLLEN

Tapete reißt

Viele Tapeten (auch gern mal die sehr teuren!) sind so dünn, dass sie unter dem Gewicht des Klebers extrem leicht reißen. Wenn das trotz aller Vorsicht passiert: Keine Panik. Erst mal dafür sorgen, dass der Riss nicht größer wird. Dann die Bahn ganz normal von oben nach unten ankleben. Den Riss noch mal extra mit Kleister einpinseln und vorsichtig zukleben, ohne dass sich die restliche Tapete verzieht.

Tapete knittert

Hatten Sie's eilig? Sofort innehalten und die Tapete vorsichtig wieder von der Wand abziehen und noch vorsichtiger wieder ankleben. Dabei ganz gewissenhaft von oben nach unten bzw. von der Mitte zu den Rändern glatt streichen.

Ränder kleben nicht

Erst mal die ganze Bahn sorgfältig ankleben. Dann die Ränder noch mal extra mit dem Pinsel einkleistern und festdrücken.

Kleister vorne auf der Tapete

Verdient nicht mal die Bezeichnung Unfall. Einfach mit dem Tuch abwischen, der Rest trocknet rückstandslos weg.

Beule lässt sich nicht wegstreichen

Warten, bis der Kleister ganz trocken ist. Viele Beulen verschwinden über Nacht, weil sich die Tapete wieder zusammenzieht. Sollte das nicht der Fall sein, schneiden Sie mit einem Cutter ganz vorsichtig einen Schlitz oder ein Kreuz in die Beule. Die Stelle noch mal mit Kleister einpinseln (doch, doch, Sie dürfen einfach auf die Tapete sauen, s. o.) und festkleben.

TAPETENSYMBOLE

WASSERBESTÄNDIG Vorsicht auch mit den Kleisterflecken! Feucht abtupfen!

WASCHBESTÄNDIG Flecke können mit einem nassen Schwamm abgewischt werden.

HOCH WASCHBESTÄNDIG Diese Tapeten kann man richtig mit Seifenlauge abwaschen. Es gibt sogar noch robustere – die können Sie regelrecht abschrubben.

AUSREICHENDE FARBBESTÄNDIGKEIT GEGEN LICHT Die Sonnen zeigen, wie leicht die Tapeten ausbleichen. Bei dieser hier verblassen die Farben leicht: Farbbeständigkeit nur ausreichend.

GUTE FARBBESTÄNDIGKEIT Diese Tapete können Sie also gut in lichtdurchflutete Räume kleben.

AUSGEZEICHNETE FARBBESTÄNDIGKEIT Wenn Ihre Tapete mit zwei Sonnen gekennzeichnet ist: Perfekt. Die könnten Sie sogar in den Wintergarten kleben …

VORGEKLEISTERT Einige Tapeten sind schon vorgekleistert. Die müssen dann nur mit Wasser eingestrichen werden, kleben aber oft nicht so gut.

TAPEZIEREN

SCHLAMPENRENOVIERUNG

Schlimmer Riss mitten auf der „noch guten“ Wand

Bei Mustertapeten können Sie relativ leicht nur eine Bahn neu tapezieren – falls Sie noch Reste der Originaltapete im Keller haben. Dafür die alte Bahn vorsichtig ablösen – das geht meist problemlos, da Tapeten ja nicht übereinander, sondern nebeneinander geklebt werden. Dann die neue Bahn zuschneiden, ankleben – fertig.
Bei gestrichener Raufaser geht das natürlich nicht – man würde immer den Farbunterschied sehen. Hier schneidet man das schadhafte Stück mit einem Cutter aus und löst es vorsichtig von der Wand. Die Ränder werden mit Schleifpapier geschliffen. Dann schneiden Sie ein passendes Stück neue Tapete zu und kleben es mit Kleister an. Besser noch: Die Ränder ausreißen – dann schmiegt sich das neue Stück leichter an!
Tja, und dann müssen Sie leider die ganze Wand neu streichen – es sei denn, Sie sind ganz und gar unpingelig; dann können Sie versuchen, den entsprechenden Farbton möglich exakt anzumischen (bei älterer weißer Wand evtl. ganz wenig Schwarz dazu mischen). Tupfen Sie anschließend die Farbe mit einem dicken Pinsel auf das reparierte Stück Tapete. Wenn Sie Glück haben, fällt es nur Ihnen ständig auf.

Langweilige Wand

Wenn Sie eine öde Wand mit einer Blitz-Technik aufpeppen wollen: Wie wär's mit einer schicken Bordüre? Dazu müssen Sie nur die Tapete dort entfernen, wo die Bordüre hin soll (mit dem Cutter einschneiden, dann löst sie sich sauber vom Rest). Nun die Bordüre mit Kleister ankleben.

SCHLAMPENRENOVIERUNG

Tapete wellt sich (z. B. über der Heizung, am Fenster, im Bad)

Passiert vor allem an Stellen, die der Feuchtigkeit oder besonders warmer Luft ausgesetzt sind. Sie können die Tapete dann vorsichtig ablösen – was Ihnen keine Probleme bereiten dürfte, weil sie dort ja nicht mehr richtig klebt. Wenn sie an einer Stelle doch noch fest sitzt, versuchen Sie, dieses Stück mit Tapetenlöser einzupinseln; einwirken lassen und dann vorsichtig abziehen.
Anschließend wird die Tapete einfach wieder angeklebt – am besten mit einem Spezialkleister (gibt es im Baumarkt) mit extra großer Klebkraft. Kleister vorher einwirken lassen! Und dann hilft nur: Hoffen, dass nicht Feuchtigkeit in der Wand die Ursache war. (Falls doch, blättern Sie zurück zum Stichwort „Schimmel" auf S. 45)

Um den Lichtschalter herum wird's gräulich

Haben Sie Kinder? Oder selbst nicht immer Sagrotan-geschrubbte Hände? Versuchen Sie, den Dreck vorsichtig mit einem feuchten (weißen!) Tuch abzureiben.
Auch hier können Sie anschließend versuchen, die passende Farbe wieder aufzutupfen – aber besser ist es vorzubeugen! Bei empfindlicher Tapete oder in Haushalten mit Kindern ist es sinnvoll, rund um die Lichtschalter einen etwa zehn Zentimeter breiten Rahmen aus „Elefantenhaut" (= farbloser, abwischbarer Lack) zu streichen.
Wer es weniger aufwändig liebt, klebt transparente Folie auf; erfüllt den gleichen Zweck, fällt allerdings im Gesamtbild mehr auf.

Schönheitskur für alte oder langweilige Möbel

Es gibt 1000 Möglichkeiten, alte oder langweilige Möbel neu zu stylen. Natürlich kann man Omas Kommode einen frischen farbenfrohen Lack verpassen – sieht klasse aus, ist allerdings ziemlich aufwändig: Der alte Lack muss ab- oder zumindest angeschliffen werden, der neue in mehreren Schichten aufgetragen werden. Es gibt aber auch noch andere Methoden.

ACHTUNG

Trotz des Anschliffs wird die Tapete auf glatten Untergründen schlecht kleben bzw. lässt sich auch nach dem Trocknen des Kleister sehr leicht wieder abziehen. Macht aber nichts, wenn es sich nicht um ein sehr beanspruchtes Möbel handelt. Solange man nicht an der Tapete herumzupft, bleibt sie kleben.

Tapete Eigentlich lässt sich jedes Möbelstück tapezieren – allerdings empfiehlt sich diese Methode eher für große und glatte Flächen wie etwa Schränke und schlichte Kommoden. Gehen Sie in ein Tapetengeschäft und schöpfen Sie aus dem Vollen. Auch die teuersten und schrillsten Muster kommen jetzt in Frage, denn es geht ja nur um eine kleine Fläche. Oft wirkt es am besten, wenn man nur einen Teil des Möbels tapeziert, z. B. die Schranktüren, den Korpus einer Kommode oder die Regal-Rückwände (natürlich von vorne …).

Ist der Untergrund aus rohem Holz, kann man direkt loslegen, ist der Untergrund glatt (lackiertes oder furniertes Holz oder schlicht Kunststoff), muss er angeschliffen werden, damit die Tapete besser klebt. Das kann man – auch bei Kunststoff – mit grobkörnigem Schleifpapier machen.

Stoffe Kleinmöbel lassen sich auch gut mit Stoffen beziehen. Nehmen Sie feste, aber nicht zu dicke Baumwollstoffe. Witzig ist Feincord, elegant sind breite Streifen; wer es abgedreht mag, bezieht z. B. einen Truhen-Deckel mit leuchtendem Flokati. Oder wie wäre es mal mit Kunstrasen auf dem Sideboard? Je nach Stoffart und Beschaffenheit des Möbelstücks kann man den Stoff entweder an den Unterseiten festtackern oder mit doppelseitigem Klebeband befestigen. Für kleinere Flächen (z. B. Aufbewahrungskisten) und dünneren Stoff empfiehlt es sich, diesen vollflächig mit extra Stoffkleber (z. B. UHU Bastelkleber) zu verkleben.

Accessoires Damit lassen sich tolle Effekte mit wenig Aufwand erzielen. So können Sie zum Beispiel an Kommode oder Schrank die alten Knäufe durch neue ersetzen. Bei IKEA etwa gibt es eine riesige Auswahl an schicken Chrom- und witzigen Plastikgriffen.
Sie können Deko-Elemente auch auf den Korpus kleben; im Bastelgeschäft gibt es viele verschiedene flache Holzmotive, die sich gut zum Verzieren eignen. Falls Sie den BRIO-Eisenbahn-Flair aufs Kinderzimmer beschränken wollen – es gibt auch andere Möglichkeiten: selbst gesammelte Muscheln, bunte Büroklammern, leuchtende Plastikblumen… Schauen Sie sich beim Shoppen einfach ein bisschen um!

DER GUTE RAT

Ganz individuell wird es, wenn Sie selbst Griffe basteln – aus Playmobilfiguren, Golfbällen, Spielzeugautos, Babyschuhen, Holztieren usw. Ist allerdings je nach Material etwas knifflig.

Abb. Vorher

Abb. Nachher

05 STREICHEN & LACKIEREN

DIE AUFGABE

Wände gestrichen hat eigentlich jede schon mal, die nicht mehr bei Mutti wohnt. Meistens mit größtem Unwillen vor einem Auszug oder in größter Hetze vor einem Einzug. Lackieren tut man dagegen nur im äußersten Notfall. Eher lässt man die Türfarbe langsam abblättern. Andererseits: So schwer kann's eigentlich nicht sein …

AUFWAND

SCHWIERIGKEITSGRAD
Leicht

PERSONAL
Machen Sie es allein – ist fast eine meditative Tätigkeit

ZEITAUFWAND
Mittel – aber es dauert immer länger als man denkt. Beim Streichen rechnen Sie: ca. 2 Tage für ein 20-qm-Zimmer (ohne Wände vorbereiten) bei zweimaligem Anstrich. Beim Lackieren kommt es sehr darauf an, was lackiert wird. Bedenken Sie die Trockenzeiten und: zwei bis drei Lackschichten müssen sein!

SAUEREI-FAKTOR
Mittel – wenn Sie die Technik draufhaben, sogar nur leicht

FITNESS-FAKTOR
Streichen: mittel – gut für Bauch- und Armmuskulatur
Lackieren: null – führt eigentlich nur zu Verspannungen

05

STREICHEN & LACKIEREN

DIE THEORIE

Ein Eimer Farbe bzw. eine Dose Lack, eine Farbrolle mit Stiel, ein Hut aus Zeitungspapier, mehr braucht man nicht – also los.

DIE PRAXIS

Streichen und Lackieren sind keine sehr komplizierten Tätigkeiten, aber einige Dinge gilt es doch zu beachten, damit die Wand bzw. Tür nicht streifig oder fleckig werden. Ein guter Anstrich will gut vorbereitet sein und verlangt auf jeden Fall Zeit, Sorgfalt und das richtige Material!

STREICHEN: WERKZEUG

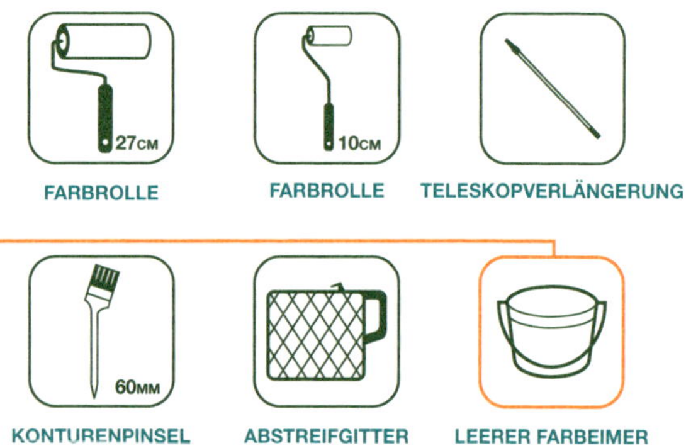

Achten Sie beim Kauf der Farbrolle auf die Beschaffenheit: Je länger der „Flor", desto mehr Struktur entsteht beim Anstrich. Wollen Sie eine möglichst glatte Wand, brauchen Sie eine möglichst kurzflorige Farbrolle! Ist ihre Wand sehr uneben, kaufen Sie eine dick gepolsterte Rolle.

DER GUTE RAT

Brauchen Sie auf jeden Fall (mit Deckel), wenn Sie eine Farbe anmischen wollen. Und wenn Sie die Streicherei mit einem vollen Farbeimer beginnen, sollten Sie die Hälfte der Farbe auch in einen zweiten, leeren Eimer umfüllen. Das erleichtert die Arbeit mit dem Abstreifgitter (s. S. 87), und das wiederum erleichtert die ganze Aktion ungemein.

MATERIAL

Farben für den Wand- und Deckenanstrich nennt man Dispersions- oder Binderfarben. Man kann sie mit anderen Dispersionsfarben mischen oder mit Wasser verdünnen. In jedem Baumarkt gibt es – allein an weißer Farbe – zig verschiedene Sorten.

01. Umweltfarbe

Früher war Streichen immer mit viel Gestank verbunden – frisch gestrichene Räume waren tagelang unbewohnbar. Heutzutage haben die meisten Produkte den „Blauen Engel", sind also emissionsarm: Sie riechen kaum noch, die Gesundheit leidet beim Streichen deutlich weniger. Außerdem gibt es extra Umweltfarbe, zum Beispiel ohne Konservierungsstoffe oder speziell gegen Pilze und Bakterien. Besonders für Allergiker interessant – allerdings auch teurer als andere Produkte.

02. Latexfarbe

Ist besonders teuer, da von besonders hoher Qualität: Sie ist extrem strapazierfähig. Nach dem Trocknen wirkt Latexfarbe fast wie eine Art Lack; sie glänzt leicht und ist problemlos abwischbar, sogar abscheuerbar – lässt sich allerdings später nicht mehr mit normaler Dispersionsfarbe überstreichen. Sinnvoll ist Latexfarbe eigentlich nur in Bädern (an Stellen, wo mit Wasserspritzern zu rechnen ist), in Küchen oder auch in Kinderzimmern, wo's mal dreckig werden kann. Es gibt Latexfarbe in Hochglanz und in Seidenglanz.

03. Farbe für Feuchträume

Auch als Bad- und Küchenfarbe bezeichnet. Die Produkte wirken vorbeugend gegen Schimmel und Pilzbefall. Man muss sie allerdings nicht notwendigerweise in ALLEN

DER GUTE RAT

Kaufen Sie auf keinen Fall die billigste Farbe, sondern entweder ein Markenprodukt oder eine Farbe, die von Stiftung Warentest vorteilhaft bewertet wurde.

DER GUTE RAT

Auf jedem Farbeimer steht, für wie viel Quadratmeter die Farbe reicht. Diese Angaben sind für einen einmaligen Anstrich. Sie sollten davon ausgehen, dass Sie auf jeden Fall mindestens zwei Anstriche brauchen!

Bädern und Küchen verwenden, sondern nur dort, wo mit Schimmel zu rechnen ist – z. B. weil kein Fenster vorhanden ist, das eine ausreichende Belüftung garantiert.

04. Nikotin-Sperrfarbe

Sinnvoll, wenn die Wände stark Raucher-geschädigt sind. Der „Gilb“, der – wie wir aus der Webung wissen – auch unsere Gardinen bedroht, kommt nämlich wieder durch, wenn er nicht durch die Spezialfarbe isoliert wird.

BEVOR SIE LOSLEGEN

Wände vorbereiten und abdecken, wie auf den Seiten 40, 41 und 43 beschrieben. Außerdem sollten Sie unbedingt die Farbe gut umrühren. Nicht einmal kurz, sondern lange und gründlich. Denn: Die Farbpigmente lagern sich unten ab. Wenn die nicht gründlich aufgemischt werden, streichen Sie anfangs nur mit der oberen dünnen Plörre, die vor allem aus Wasser und kaum aus Farbe besteht. Ungünstig! (Stellen Sie sich ein Zimtparfait vor, bei dem das ganze Zimtpulver einen kompakten Bodensatz gebildet hat – schmeckt Ihnen auch nicht.) Und natürlich: Nach längeren Pausen die Umrühr-Prozedur stets wiederholen.

ACHTUNG

Wenn Sie Wände und Decke streichen müssen, beginnen Sie mit der Decke! Denn Sie werden es kaum schaffen, die Decke zu streichen, ohne dass Farbe auf die Wände spritzt.

LOS GEHT'S

01. Konturen vorstreichen

Alle Kanten und Ecken werden vorgestrichen, weil die große Farbrolle dort nicht hinreicht. Am besten nehmen Sie dazu eine sehr kleine Farbrolle, denn im Gegensatz zum Pinsel streicht diese die gleiche Struktur. Nur dort, wo auch die kleine Rolle nicht hinreicht, wird mit dem Pinsel vorgestrichen. *Auf keinen Fall* (das ist ein beliebter Anfängerfehler) sollten Sie den ganzen Raum auf diese Weise vorstreichen, sondern immer nur stückchenweise. Das Wichtigste beim Streichen ist nämlich, dass man nass in nass streicht. Sonst sieht man hinterher jeden Ansatz!

Abb. Wände Streichen

a/b Farbe lange und gründlich durchrühren
01 Konturen mit kleiner Farbrolle vorstreichen
02 Farbe aufnehmen
03 Wand mit großer Farbrolle streichen

Tunken Sie die Rolle nicht zu weit in den Farbeimer und benutzen Sie das Abstreifgitter. Sonst besteht akute Tropfgefahr!

Abb. Einen Teil der Wand farbig streichen I

Farbkante kreieren

a Wand mit Maler-Klebeband abkleben

b Weiße Farbe bis zum Klebeband auftragen

c Klebeband abziehen

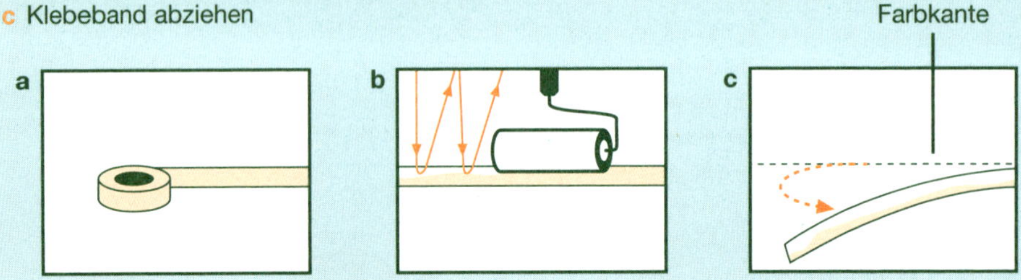

Abb. Einen Teil der Wand farbig streichen II

d Farbe bis zur Farbkante auftragen

e Weiter mit der Rolle

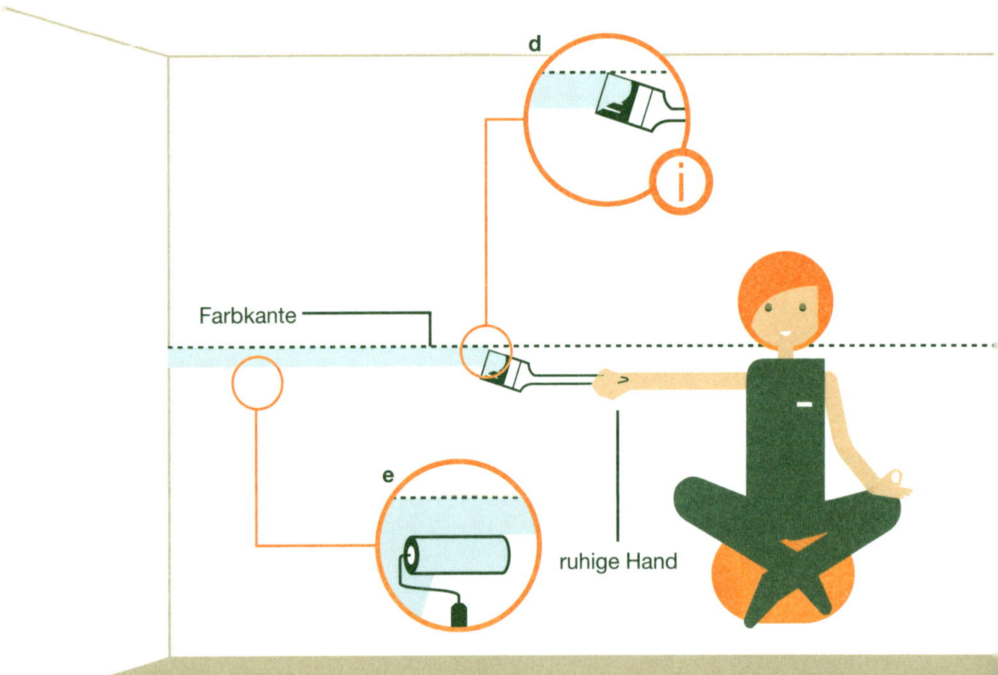

Vor dem freihändigen Streichen schrecken viele zurück. Da Sie aber eine winzige Farbkante haben, ist es gar nicht so schwer! Wichtig auch hier wieder: Nass in nass streichen. Also nicht erst die ganze Kante einmal mit dem Pinsel entlang, sondern Stück für Stück – erst Pinsel, dann Rolle usw.

02. Farbe aufnehmen

Die Farbrolle niemals komplett in die Farbe eintauchen, sondern jeweils einen Teil mit Farbe bedecken. Am Abstreifgitter wird die Rolle etwas weitergerollt, dann wieder ein Stück eingetaucht, abgerollt – usw., bis die Rolle rundum voller Farbe ist. Auf diese Weise verteilt sich die Farbe auf der Rolle und nicht in die Rolle, wo sie dann zum ungünstigsten Zeitpunkt wieder rauskleckert.

03. Jetzt geht's an die Wand

Streichen Sie bahnenweise von oben nach unten – in überlappenden Bahnen und immer nass in nass. Die Farbrolle sollte immer genug Farbe haben (nicht „leer" rollen), sonst nimmt sie die bereits gestrichene Farbe wieder von der Wand auf (wie eine schlecht gemehltes Nudelholz, an dem der ausgerollte Teig kleben bleibt) – der Anstrich wird fleckig. Zu viel Farbe sollte auch nicht auf der Rolle sein, sonst bilden sich Farbwülste – iiih!

Ein Teil der Wand soll farbig werden

Streichen Sie beim ersten Anstrich einmal alles weiß. Dann kleben Sie die Bereiche, die Sie später farbig streichen wollen mit Maler-Klebeband ab. Streichen Sie nun die Flächen, die weiß sein sollen, bis zur Klebeband-Grenze. Nach dem Trocknen ziehen Sie das Klebeband ab – und haben nun eine ganz kleine (weiße) „Farbkante". Beim Auftrag der zweiten Farbe streichen Sie mit dem Konturenpinsel bis an diese Kante (ruhige Hand!), dann weiter mit der Rolle wie oben beschrieben (s. Abb. S. 86).

DER GUTE RAT

In längeren Arbeitspausen und über Nacht können Sie die Farbrollen und Pinsel in luftdicht verschlossenen Plastikbeuteln aufbewahren. Auf diese Weise bleiben sie bis zu zwei Wochen benutzbar (s. S. 46).

Ein Profi muss her

Beim Streichen gibt es eigentlich nichts, was nicht allein bewältigt werden kann. Außer: Sie sind ein Pechvogel, müssen bei Ein- und Auszug streichen und haben keinen besonders guten Freund für solche Gelegenheiten. In diesem Fall könnte es hilfreich sein, wenigstens für eine Wohnung einen Maler zu beauftragen. Lassen Sie sich aber garantieren, dass er in der vereinbarten Zeit fertig wird! (Wenn der Vermieter auf „Profiarbeit" besteht, zeigen Sie ihm dieses Buch und sparen Sie sich das Geld für den Maler.)

ERSTE HILFE BEI UNFÄLLEN

Die Farbrolle trägt plackenweise Putz ab

Mist. Die größtanzunehmende Katastrophe beim Streichen. Passiert äußerst selten. Bewahren Sie Ruhe und streichen Sie weiter. Mit etwas Glück ist nur eine Stelle der Wand betroffen. Wenn die Farbe getrocknet ist, fummeln Sie sämtlichen losen Putz mit einem Spachtel ab. Gucken Sie seitlich gegen die Wand: An den kritischen Stellen entsteht eine Art Blase, weil zwischen Putz und Wand Luft ist. Dann scheuern Sie die Stelle mit Wasser und Spüli (evtl. waren noch Reste alter Leimfarbe an der Wand). Anschließend Tiefengrund aufsprühen und nach der Trockenzeit die Problemstelle wie auf Seite 57 beschrieben mit Feinspachtel glätten. Solange es sich nur um einige wenige kleinere Stellen handelt, ist das zwar ärgerlich und zeitaufwändig (wegen der Trockenzeiten), aber nicht wirklich kompliziert. Tritt das Problem allerdings in großem Stil auf, sollten Sie einen Maler hinzuziehen.

Die Wand ist fleckig oder streifig

Ist sie noch nicht durchgetrocknet? Schlafen Sie erst mal drüber und schauen Sie am nächsten Morgen bei Tageslicht noch mal nach. Ist die Wand dann immer noch fleckig, kann das drei Gründe haben: 1. Es handelt sich um den ersten Anstrich. Lösung: Streichen Sie die Chose ein zweites Mal, auch wenn's nervt. Es muss sein. 2. Sie haben nicht bahnenweise nass in nass gestrichen. Lösung: Machen Sie einen zweiten oder sogar dritten Anstrich genau nach Vorschrift. 3. Sie haben eine Billig-Farbe genommen. Lösung: Entweder Sie streichen die Wand noch zwei- bis dreimal mit der schlecht deckenden Billigfarbe, oder Sie kaufen für den nächsten Anstrich ein Markenprodukt.

Farbflecken an Türrahmen o. ä.

Am besten feucht abwischen, solange die Farbe nass ist. Aber auch nach dem Trocknen geht Dispersionsfarbe von glatten Flächen recht problemlos ab. Versuchen Sie es mit einem Schwamm und Scheuermilch; zur Not mit einem Spachtel oder Messer vorsichtig abschaben.

Styling-Tipp

Wenn Ihnen einfarbige Wände zu langweilig sind, gibt es unzählige Möglichkeiten, die Optik etwas aufzumotzen. Mit der Wischtechnik in Apricot und Terracotta fing es in den 80er Jahren an – inzwischen gibt es in jedem Baumarkt geknautschte Lederroller oder -knäuel für den Wickeleffekt, Schwämme für Tupf-, Marmor- und Stupftechnik, Effektpinsel, -bürsten, -handschuhe, -roller und so weiter. Außerdem Schablonen mit den unterschiedlichsten Motiven, Farbplättchen zum Untermischen, Strukturfarben und fertig angerührte Dekor-Spachtelmassen. Die meisten Farbhersteller präsentieren ihre „Kreativ"-Produkte in einer extra Broschüre – da können Sie sich inspirieren lassen!

05 STREICHEN & LACKIEREN

DER GUTE RAT

Lack-Farbrolle: möglichst nicht aus Schaumstoff, da sich dieser bei Verwendung von lösemittelhaltigen Lacken gerne mal auflöst oder seine Form verliert.

Pinsel: Kaufen Sie immer Markenprodukte. Billigangebote verlieren Haare und streichen einfach schlechter!

LACKIEREN: WERKZEUG

MATERIAL

01. Evtl. Vorstreichfarbe

02a. Lösemittelhaltige Lacke

Das sind die, die stinken. Früher gab es nur solche – inzwischen gibt es die Alternative der wasserlöslichen Lacke. Allerdings sind heutzutage auch die meisten lösemittelhaltigen Lacke nicht mehr so „schlimm" wie früher. Das böse Formaldehyd ist fast verschwunden, viele Produkte sind sogar mit einer „grünen Nase" ausgezeichnet, also geruchsmild sowie aromaten- und testbezinfrei – das heißt: weniger Gestank, weniger gesundheitsschädlich, weniger umweltbelastend.
Lösemittelhaltige Lacke brauchen immer eine Grundierung mit Vorstreichfarbe. Kaufen Sie Vorstreichfarbe und Lack von der gleichen Firma (keine Experimente)!

02b. Wasserlösliche Lacke

Sind, wie der Name sagt, auf Wasserbasis. Das hat folgende Vorteile: Man kann sie mit Wasser verdünnen, man kann Pinsel und Farbrollen mit Wasser auswaschen – und auch die Hände werden mit Wasser und Seife wieder sauber! Außerdem stinken sie praktisch gar nicht, und für die Umwelt sind sie allemal besser.

Trotzdem gibt es ein Argument gegen wasserlösliche Lacke: Die lösemittelhaltigen Lacke lassen sich (gerade für Anfänger) leichter verarbeiten. Sie fließen und decken besser. Ist einfach so.
Auf keinen Fall dürfen Sie wasserlösliche Lacke mit lösemittelhaltigen überstreichen oder umgekehrt. Das endet in einer Katastrophe: Alles verklumpt!
Unbedingt ein Markenprodukt kaufen. Das ist bei Lacken noch entscheidender als bei Wandfarben. Die Billigprodukte lassen sich schlecht verarbeiten und sind im Zweifel gesundheitsschädlicher.

Anders als bei Wandfarben (die immer für Wände sind), gibt es in der Lack-Abteilung eine ziemlich unübersichtliche Auswahl an Produkten: Lacke für Fenster, Türen, Heizkörper, für Fußböden, Treppen, Möbel, in Seidenmatt oder Hochglanz. Bei manchen Herstellern heißt die Vorstreichfarbe Grundierung. Es gibt Allgrund und Fenstergrund und Weißlack und Ventilack. Nehmen Sie sich entweder eine Stunde Zeit, um alle Etiketten zu studieren und zu vergleichen, oder lassen Sie sich in einem Fachgeschäft beraten.

ACHTUNG

Wenn Sie mit einem lösemittelhaltigen Lack arbeiten, sollten Sie für gute Belüftung sorgen und Handschuhe tragen.

BEVOR SIE LOSLEGEN

Abdecken und abkleben wie auf den Seiten 40 und 41 beschrieben. Dann die zu lackierenden Oberflächen anschleifen und anschließend gründlich feucht abwischen. Auf Schleifstaub lackiert es sich nämlich schlecht … Den Lack anschließend gut umrühren (s. S. 84) und eine kleine Menge in die Lackwanne gießen.

05 STREICHEN & LACKIEREN

LOS GEHT'S

01. Farbe verteilen

Das beste Ergebnis erzielt man, wenn man mit Lackrolle und Pinsel arbeitet: Erst die Farbe mit der Rolle verteilen, dann mit dem Pinsel verstreichen.
Streicht man nur mit der Rolle, bleibt immer eine Struktur. Erst mit dem Pinselstrich wird die Oberfläche richtig glatt. Wenn man allerdings die Farbe gleich mit dem Pinsel aufträgt, lässt sie sich nur sehr schwer gleichmäßig verteilen. Hantieren Sie also immer abwechselnd mit Rolle und Pinsel – zuerst vielleicht etwas schwer zu koordinieren, aber mit etwas Übung auf jeden Fall die zeitsparendste Methode! Auch beim Lack ist es unbedingt notwendig, immer nass in nass zu streichen!

ACHTUNG

Auf den Lackdosen ist immer angegeben, nach wie viel Stunden der Lack überstreichbar ist. Diese Zeit muss unbedingt eingehalten werden.

02. Trockenzeit

Nach dem ersten Anstrich bzw. dem Vor-Anstrich verpacken Sie Pinsel und Farbrolle luftdicht in eine Tüte (s. S. 46). Die Farbwanne können Sie bei wasserlöslichen Lacken auswaschen – bei lösemittelhaltigen Lacken muss man sie wegschmeißen. Für den nächsten Anstrich brauchen Sie eine neue – hilft nix.

03. Zwischenschliff

Vor jedem neuen Anstrich muss die Oberfläche noch mal angeschliffen (und wieder feucht abgewischt) werden. Nur bei Vorstreichfarbe entfällt dieser Schritt manchmal (auf die Anweisungen des Herstellers achten).

Ein Profi muss her

Kleinere Lackierarbeiten schafft man locker ohne professionelle Hilfe.

Sollten Sie allerdings beabsichtigen, allen Türen in Kassettenoptik Ihres 3,5 m hohen Altbaus ein neues Gewand zu verpassen – Achtung: Das ist ein Mega-Projekt.

Wenn Sie nicht drei Wochen Urlaub dafür nehmen wollen, sollten Sie die Aktion einem Profi anvertrauen. Der nimmt die Türen wahrscheinlich mit in seine Werkstatt, wo er schleift und lackiert – und Sie haben weder Sauerei noch Gestank in Ihrer Wohnung!

Styling-Tipp

Viele Hersteller bieten heutzutage Lacke an, die speziell auf Wandfarben desselben Herstellers abgestimmt sind. So können Sie zum Beispiel die Wände in einem hellen Blau streichen und die Küchenstühle passend dazu in einem dunkleren Blau lackieren!

Auch im Lack-Regal gibt es längst nicht mehr nur die knalligen Grundfarben, sondern durchaus auch Trend-Töne wie Melone oder Kiwi. Und was Sie damit lackieren können! Spiegelrahmen, die Bettpfosten des alten IKEA-Betts, langweilige Bücherregale … Nur zu!

ERSTE HILFE BEI UNFÄLLEN

An einer Stelle ist der Auftrag nicht gelungen	Das ist schade, aber nicht mehr zu ändern. Zumindest nicht, indem Sie die Stelle noch mal überstreichen oder übertupfen. Entweder Sie leben damit, oder Sie streichen die ganze Fläche noch einmal.
Nach dem ersten Anstrich oder der Grundierung treten schadhafte, z. B. abgeblätterte, Stellen erst richtig zum Vorschein	Dann können Sie die Stellen jetzt mit Lackspachtel ausbessern. Es gibt zweikomponentige Produkte (werden sofort hart, kann man direkt schleifen und überstreichen) oder einkomponentige Produkte (leichter zu verarbeiten, müssen aber lange trocknen). Mit einem kleinen Spachtel die Masse auf die schadhaften Stellen auftragen, sodass Sie wieder eine glatte Oberfläche haben. Nach dem Trocknen abschleifen und beim zweiten Anstrich einfach mit überstreichen.
Sie finden Haare im Lack, die nicht von Ihnen sind	Sind es sehr dicke, eher kurze Haare? Entwarnung: Sie sind nicht von der Geliebten Ihres Partners, sondern wahrscheinlich von Ihrem Pinsel. Kleiner Tadel: Sie haben nicht auf Qualität geachtet. Billige Pinsel verlieren beim Lackieren immer wieder Haare. Das nervt – und man kann es durch wohlüberlegten Einkauf vermeiden.
Lack sieht beim Auftrag komisch wässrig aus	Gut, dass Sie es gleich merken! Denn Sie haben wahrscheinlich nicht gründlich umgerührt. Unbedingt sofort nachholen (s. auch S. 46), dann können Sie Ihr Projekt noch retten.

SCHLAMPENRENOVIERUNG

Fleck auf der Wand

Wenn sich der Fleck nicht an exponierter Stelle befindet, können Sie versuchen, ihn mit frischer Farbe überzutupfen (mit einem Rundpinsel – und wirklich nicht *streichen*, sondern *tupfen*). Wenn der alte Anstrich noch nicht zu abgewohnt und gräulich ist, stehen die Chancen gut, dass die Tupferei tatsächlich einen optischen Vorteil bringt. Sollte sich allerdings herausstellen, dass Sie nun einen *weißen* Fleck auf der Wand haben – müssen Sie doch die ganze Wand neu streichen.

ACHTUNG: Wenn es sich um einen Wasser-, Schimmel- oder Fettfleck handelt: Bitte erst Sperrgrund auftragen (s. S. 45)!

Öde weiße Wand, aber keine Lust auf viel Renovieren

Überlegen Sie, einen Teil der Wand in einer anderen Farbe abzusetzen. Das geht relativ schnell und wirkt Wunder in Sachen frisches, neues Ambiente!
Das ist übrigens auch eine Möglichkeit, wenn der untere Teil der Wand gräulich, abgestoßen und/oder fleckig ist – während der obere (wo keine Kinderhände und fettigen Haare drankommen) noch „gut" ist!

Abgeplatzter Lack

Bei Lack ist es schwierig, mal schnell-schnell zu schummeln. Man sieht eigentlich immer, wenn irgendwo eine Stelle ausgebessert wurde. Aber: Wenn Sie kleinere Macken entdecken (vor allem an wenig exponierten Plätzen), sollten Sie trotzdem nicht gleich die ganz große Maßnahme starten. Schleifen Sie die Stelle vorsichtig an und lackieren Sie sie mit einem kleinen Pinsel über. Wahrscheinlich wird es niemandem auffallen.

Mut zur Farbe

Alles neu machen – das ist das Ziel fast jeder Renovierung. Meistens sieht es dann sauber und ordentlich aus, aber irgendwie genauso wie vorher. Weil so viele Menschen doch wieder bei Weiß als Wandfarbe landen. Vielleicht noch ein zartes Apricot, aber das ist schon das bunteste der Gefühle. Schade. Denn mit der richtigen Farbe wird eine unspektakuläre Nische zum Aha-Erlebnis. Und mit klug gesetzten Kontrasten bekommt auch das kleinste Bad einen großen Auftritt. Außerdem macht Farbe viel mehr Spaß als Weiß. Weil man schon beim Streichen merkt: Es verändert sich was!

Auf die Farbe, fertig – los! Blau ist total ungemütlich, rot macht aggressiv und grün geht gar nicht. Mit diesen Farb-Ansichten greift man immer wieder zum sicheren Weiß. Natürlich ist es nicht ratsam, das Schlafzimmer von der Decke bis zum Boden in Knallrot zu streichen, aber ein warmes Rot nur im unteren Wanddrittel vermittelt durchaus Wärme und Geborgenheit.
Im Baumarkt gibt es auf zahllosen „Farbkärtchen" rot, blau, gelb, grün in allen Nuancen – zum Mitnehmen und zu Hause nachdenken. Ist die Entscheidung gefallen, kann man sich seine Wunschfarbe anmischen lassen (wesentlich sicherer als selbst zu mischen!). Dann kann man auch den exakten Farbton nachkaufen, falls die erste Ration nicht reicht.

Kontraste Jede Farbe wirkt noch besser, wenn man sie von strahlendem Weiß absetzt. Sie können nur das untere Drittel einer Wand farbig streichen oder oben einen Streifen weiß lassen. Tolle Effekte erzielt man auch, wenn man um die Türen und Fenster einen 5–10 cm breiten weißen Rand lässt. Oder Sie geben einer Wand (oder einer Nische) einen kräftigen Farbton und dem Rest einen entsprechend helleren.

DER GUTE RAT
Erstaunliche Wirkungen erzielt man auch durch Lasieren: Durch ihre leichte Transparenz wirkt eine Lasur immer sehr viel heller und leichter als eine deckende Dispersionsfarbe. Am besten vermischt man Farbpigmente mit Binder (lassen Sie sich im Farbengeschäft beraten!) und trägt die Lasur mit einem breiten Pinsel auf. Freunde der Wischtechnik können auch einen Schwamm o. ä. nehmen.

Abb. Schöner wohnen mit Farben

Wechselwirkungen Wer eine auffällige Farbe für die Wandgestaltung wählt, setzt sich am besten noch mal mit der Einrichtung auseinander. Die Möbel in einem farbig gestrichenen Raum sollten eher einfarbig und hell sein, bewusste farbige Akzente allerdings sind durchaus gewünscht: halbhohe rote Wände, ein graues Sofa mit roten Kissen – und auf dem Tisch eine rote Vase.

Fußböden und Decken Decken sollten eigentlich immer weiß bleiben; Farbe würde den Raum kleiner und dunkler machen. Fußböden dagegen werden oft zu Unrecht farblich vernachlässigt. Wagen Sie es ruhig, den Holzdielenboden im Schlafzimmer weiß zu lasieren oder gelb zu lackieren. Auch jadegrüne Mosaik-Bodenfliesen im Bad wirken erfrischend.

DER GUTE RAT

Sie können einen Teil der Wand auch mit einer Bordüre absetzen: In Baumärkten und Bastelgeschäften gibt es Schablonen, mit denen sich sehr leicht Deko-Motive zu den verschiedensten Themen (Leuchttürme, Blumen, Ranken, Muscheln etc.) aufmalen lassen.

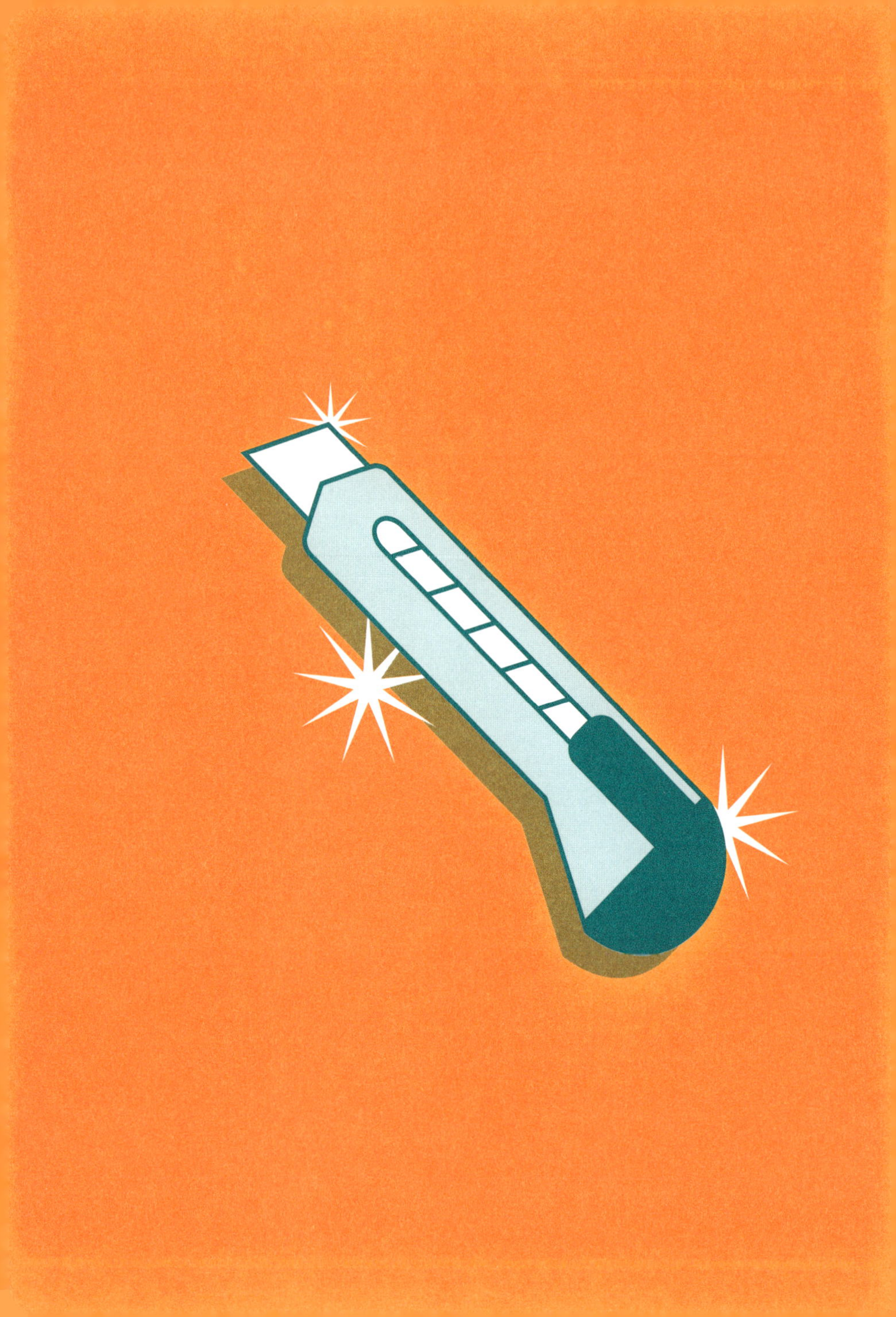

06 FUSSBÖDEN VERLEGEN

DIE AUFGABE

Neuer Fußboden soll ins Zimmer – und mit **Teppich, PVC oder Laminat** hat man auf jeden Fall den einfachsten Weg gewählt. Erstere kauft man gleich mehr oder weniger in der richtigen Größe, und Laminat ist schließlich das Hausfrauen-Parkett – also kann Frau es auch verlegen!

AUFWAND

○ ○ ○ ○ ●

SCHWIERIGKEITSGRAD

Leicht

○ ○ ○ ● ●

PERSONAL

Machen Sie es mit einer Person Ihres Vertrauens

○ ○ ○ ○ ●
○ ○ ● ● ●

ZEITAUFWAND

Teppich/PVC: gering
Laminat: mittel

○ ○ ○ ○ ○
○ ○ ○ ○ ●

SAUEREI-FAKTOR

Teppich/PVC: null
Laminat: gering

○ ○ ○ ○ ●

FITNESS-FAKTOR

Gering – geht ins Kreuz, also vielleicht hinterher etwas Rückengymnastik einplanen!

06 FUSSBÖDEN VERLEGEN

DIE THEORIE

Den Lappen Teppich bzw. PVC im Zimmer auslegen, ankleben, was übersteht: abschneiden – fertig. Und Laminat ist doch so eine Art LEGO für Erwachsene: Ineinanderstecken, festdrücken – klick – und hält. Oder?

DIE PRAXIS

Tatsächlich ist es relativ einfach, diese Fußböden zu verlegen, aber etwas Geduld und Konzentration braucht es schon. Am wichtigsten auch hier wieder: Vorher genau ausmessen! Was einmal abgeschnitten bzw. -gesägt ist, ist ab. Bei Teppich und PVC besonders hart, wenn Ihnen am Rand plötzlich ein 10-cm-Streifen fehlt!

TEPPICH/PVC: WERKZEUG

CUTTER

MATERIAL

01. Doppelseitiges Teppich-Klebeband
Muss kein Marken-Klebeband sein.

02. Evtl. Rand- und Übergangsleisten
Es gibt extra Teppich-Fußleisten, auf die Streifen des neuen Teppichs geklebt werden (s. Abb. S. 104).

Wenn das PVC im Bad oder in der Küche an ein Fliesenschild anschließt, kann man als Abschluss entweder eine selbstklebende PVC-Fußleiste anbringen (gibt es im Baumarkt in unterschiedlichen Farben) oder eine Silikonfuge spritzen.

03. Teppich bzw. PVC
Überlegen Sie genau, wie lange Sie Freude an dem neuen Fußboden haben wollen. Soll es „nur für den Übergang" sein, reicht ein Billigbelag (trotzdem auf die Schadstoffemission achten!). Wollen Sie länger etwas davon haben, sollten Sie auf Qualität setzen. Vor allem die Stärke spielt hier eine Rolle. Ein 3 mm starker PVC-Boden reißt schnell, zeigt bald Abnutzungserscheinungen – und man sieht jede kleine Bodenunebenheit durch. Meist gibt es dasselbe Design in unterschiedlichen Stärken!
Messen Sie das Zimmer genau aus. Großzügig rechnen und alle Nischen etc. mit bedenken! Teppiche und PVC kauft man meistens von der Rolle – die Breiten sind unterschiedlich. Je schmaler, desto einfacher zu handhaben. Allerdings ist es nicht so vorteilhaft (vor allem für Anfänger), in der Mitte des Raumes eine zweite Bahn anzusetzen. Also sollten Sie versuchen, den Bodenbelag in einem Stück zu kaufen.

BEVOR SIE LOSLEGEN

Den Boden vorbereiten
Reste von alten Belägen entfernen; der Untergrund muss sauber und eben sein! Vorhandene Fußleisten abschrauben. Den neuen Bodenbelag ca. 12 Stunden dort lagern, wo er später verlegt wird – damit er sich hübsch akklimatisiert! Teppich dazu am besten schon ausrollen, PVC nur so weit ausrollen, dass es keine Falten wirft oder gar knickt.

LOS GEHT'S

01. Kleben I

Kleben Sie einen Streifen doppelseitiges Klebeband einmal rund um den Raum auf den Boden (Abstand zur Wand etwa 3 cm). Das obere Schutzpapier noch nicht abziehen!

02. Zurechtschneiden

Rollen Sie den neuen Bodenbelag aus und beschneiden Sie ihn grob. Dann an den Ecken einschneiden – das nimmt die Spannung raus. Noch mal prüfen, ob der Belag wirklich faltenfrei im Raum liegt. Am Teppich können Sie ganz entspannt an den Seiten ziehen und ruckeln, bis alles passend liegt. Bei PVC müssen Sie vorsichtig vorgehen: Einmal eingeschnitten, kann PVC weiter einreißen! Bodenbelag in die Kanten drücken und mit dem Cutter sauber abschneiden.

03. Kleben II

Schlagen Sie nun den Bodenbelag zurück. Jetzt kann das obere Schutzpapier vom darunterliegenden Klebeband abgezogen und der Belag darauf festgedrückt werden.

04. Wandabschluss

Alte Fußleisten wieder anschrauben. Wenn Sie neue Holzleisten anbringen wollen, lassen Sie sich im Baumarkt beraten. Teppich-Fußleisten bringen Sie gemäß Herstellerangaben an. Anstelle einer PVC-Fußleiste kann man im Bad auch eine Silikonfuge spritzen.

05. Übergänge

Bei Übergängen zwischen zwei unterschiedlichen Bodenbelägen empfiehlt es sich, eine Übergangsschiene anzubringen. Es gibt sie in verschiedenen Formen und Farben – damit kann man auch einen Ausgleich zwischen verschiedenen Fußböden-Höhen schaffen (s. S. 104).

DER GUTE RAT

Beim Verlegen von PVC in kleinen Räumen oder in Räumen mit vielen Nischen und Ecken kann es sinnvoll sein, den Belag in einem größeren Raum auszurollen und den Grundriss des Ziel-Zimmers aufzuzeichnen. Wenn Sie sehr exakt gemessen haben, ist das Auslegen später ein Klacks.

ACHTUNG

Bei Räumen, die größer sind als 20 qm, reicht es nicht, den Belag nur mit Klebestreifen am Rand zu fixieren. Damit er später keine Wellen wirft, muss er vollflächig mit Teppichkleber verklebt werden – und kann dann nicht wieder ohne weiteres entfernt werden!

Abb. Fußböden verlegen

- a Zimmer genau ausmessen
- b Bodenbelag akklimatisieren lassen
- 01 Doppelseitiges Klebeband auf den Boden kleben
- 02a Bodenbelag ausrollen
- 02b An den Ecken einschneiden
- 02c Bodenbelag mit Cutter sauber abschneiden

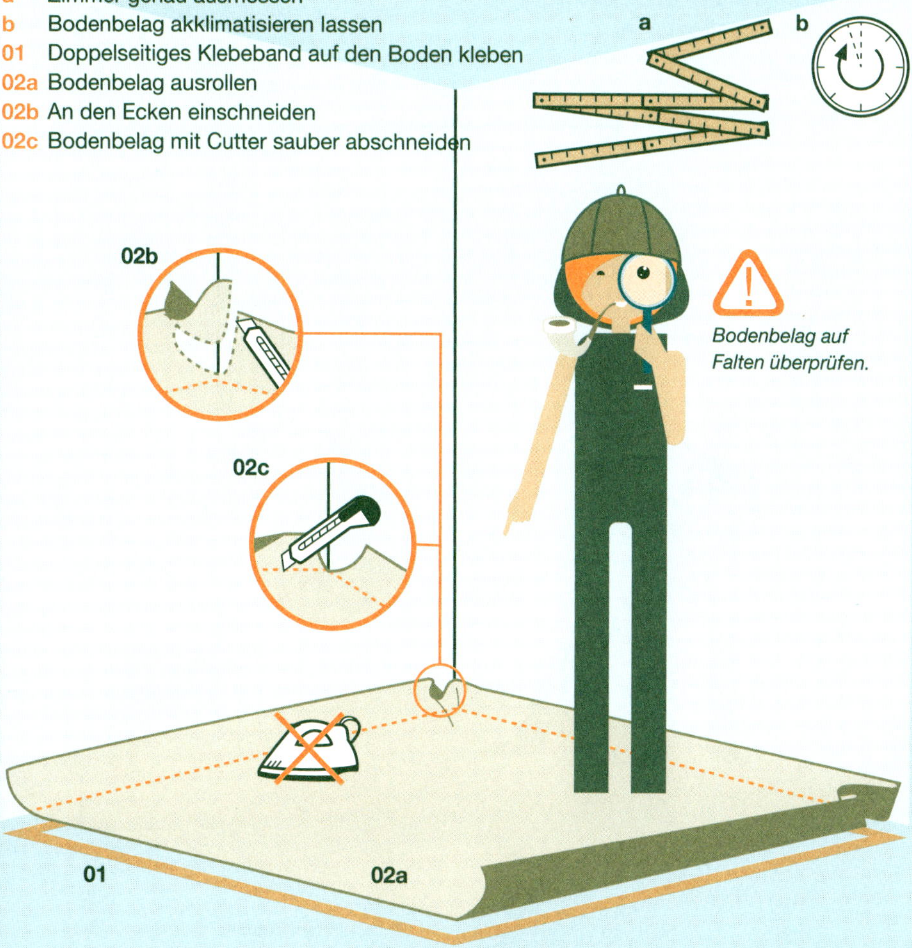

Abb. Nahtstellen

- a Erst die eine Bahn auf die eine Hälfte des Klebebandes kleben.
- b Dann die zweite Bahn bündig auf die zweite Hälfte kleben.

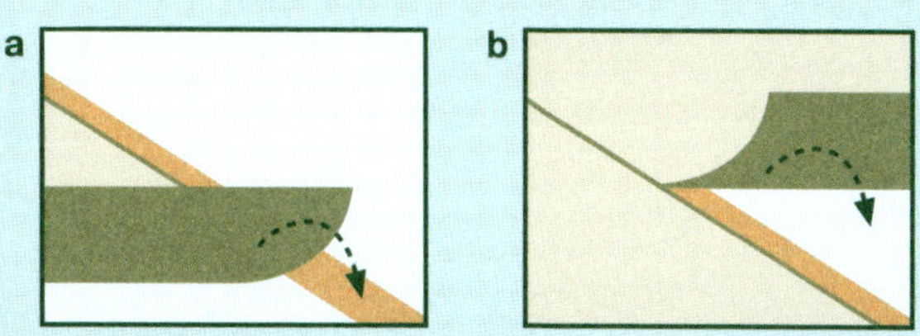

Abb. Teppich/PVC verlegen

04 Teppich-Fußleiste anschrauben und mit Teppichstreifen bekleben.

05 Übergangsschiene anbringen

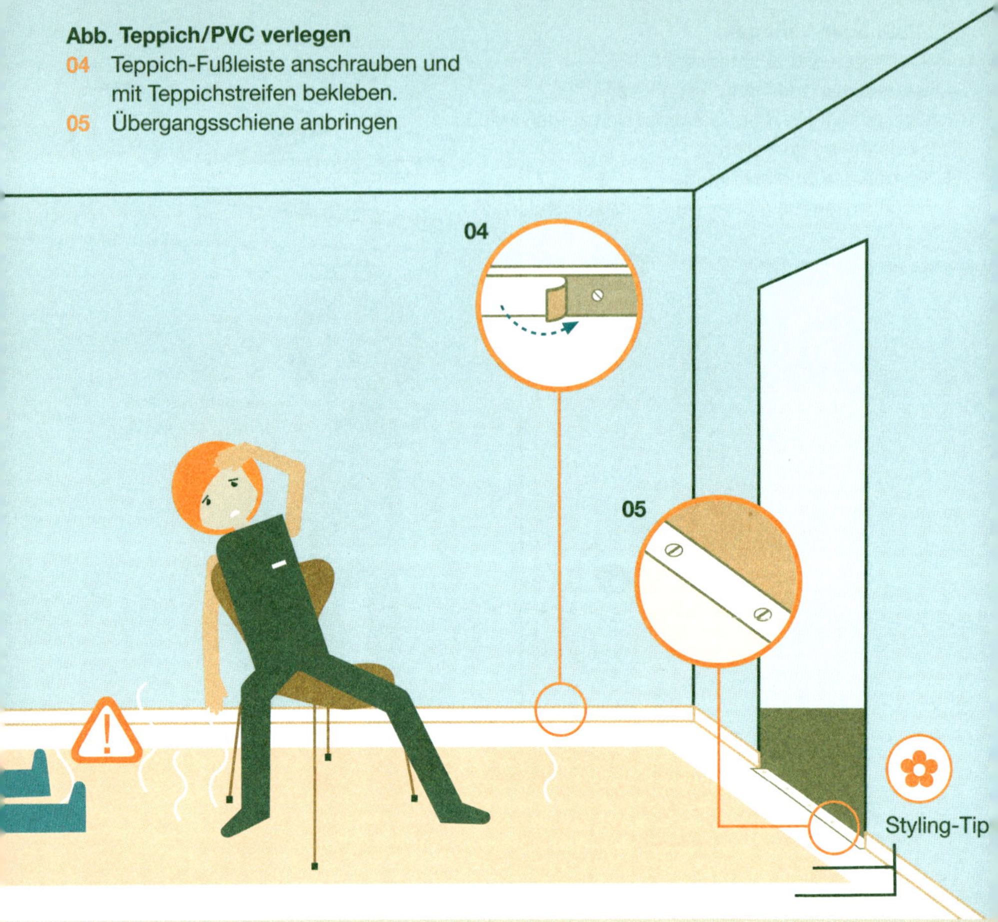

Achten Sie beim Kauf von Billigbelägen auf evtl. Schadstoffemission.

Ein Profi muss her

Wenn Sie sich einen sehr teuren Bodenbelag ausgesucht haben und ihr Zimmer viele Nischen hat, sollten Sie überlegen, noch ein bisschen mehr Geld in eine fachgerechte Verlegung zu investieren. Wenn der Fachmann die falsche Ecke einschneidet, bekommen Sie nämlich Ersatz!

Nahtstellen

Wenn Sie nicht mit einem Stück hinkommen, müssen Sie auch die Nahtstellen mit doppelseitigem Klebeband fixieren. Erst wird eine Bahn wie oben beschrieben verlegt, dann die zweite Bahn angesetzt. Hier können Sie das Pingeligkeits-Gen voll ausleben – also messen, prüfen, messen, prüfen!
An der Nahtstelle das Klebeband erst auf den Boden kleben. Dann eine Bahn des Belags bis auf die Hälfte des Klebebandes kleben und gut andrücken. Nun die andere exakt bündig zur ersten auf die zweite Hälfte des Klebebandes kleben (s. Abb. S. 103).

Styling-Tipp

Auslegeware wird oft als doofer Kinderzimmer-Teppich unterschätzt. Dabei gibt es hier richtig gute Qualitäten. Gerade die teureren Teppiche sind oft besser zu pflegen, sodass es sich durchaus lohnt, auch mal eine nettere, aber empfindlichere Farbe zu nehmen.
Ein toller Effekt entsteht übrigens, wenn Sie einen etwa 50 cm breiten Streifen am Rand in einer anderen Farbe wählen. Natürlich etwas kniffliger zu verlegen, aber macht was her.
Und was das häufig ungeliebte PVC betrifft: Hier gibt es auch sehr hochwertige Böden – lassen Sie sich im Fachgeschäft die Kataloge zeigen! Und wenn das Geld nicht so locker sitzt, wie wär's mit Mut zum Ungewöhnlichen? Auch in der billigen Baumarkt-PVC-Abteilung gibt es schrille Designs, z. B. Rosen oder Industrieboden-Imitat. Setzen Sie Akzente und trauen Sie sich was!

ERSTE HILFE BEI UNFÄLLEN

Untergrund sieht schlimm aus

Wenn der alte Teppich oder das PVC vom Vormieter vollflächig verklebt ist, haben Sie schlechte Karten. Man kann natürlich den neuen Teppich auf den alten drauflegen, aber richtig schön ist das nicht (Siff und Milben bleiben im Raum.) Manche Kleber sind wasserlöslich. Dann kann man den alten Teppich anfeuchten und relativ einfach abziehen. Bitte nicht gleich das ganze Zimmer fluten, sondern erst mal an einem kleinen Stück ausprobieren! Bei PVC immerhin ist es in der Regel kein Problem, neu auf alt zu legen. Wenn es Probleme mit dem Entfernen alter Beläge gibt oder der Untergrund danach erschreckend aussieht, sollten Sie einen Profi hinzuziehen. Irgendwie geht das alte Zeug schon ab, aber evtl. braucht man Spezialgerät oder Chemie.

PVC reißt

Alarmieren Sie Ihren Helfer: Er muss jetzt so festhalten, dass keine Spannung mehr auf dem Stück ist, wo es reißt. Schneiden Sie jetzt die Kanten bündig zur Wand, kleben Sie ein Klebeband unter den Riss und drücken dann alles fest.

PVC/Teppich verschnitten

Flucht nach vorn: Schneiden Sie ein akkurates Stück an der versemmelten Stelle heraus und ersetzen es durch ein ebenso akkurates „frisches“ Stück. Doppelseitiges Klebeband genau unter die Ansatzstellen kleben und beide Seiten festdrücken. Wenn Sie Glück haben, steht später eh ein Schrank drauf…

Total vermessen

Das ist schade, aber sei’s drum. Der Belag muss ja nicht in einem Stück verlegt werden – es geht auch bahnenweise (s. o.). Eventuell ist das jetzt Ihre Chance, kreativ zu werden (s. Styling-Tipp).

SCHLAMPENRENOVIERUNG

Fleck im Teppich

In Zeiten von chemischen Haushaltsreinigern doch kein wirkliches Problem mehr! Begeben Sie sich direkt in die Drogerie und kaufen Sie einen Teppichschaum. Wenn der Fleck nicht rausgeht, rufen Sie den Hersteller des Teppichschaums an und fragen, warum das bei Ihnen nicht so funktioniert wie in der Werbung.

Großer hartnäckiger Fleck im Teppich

Tja, nun müssen Sie ran: Suchen Sie auf dem Dachboden nach einem Teppichrest. Schneiden Sie mit einem Cutter das fleckige Stück aus dem Teppich raus. Dann ein ebenso großes Stück aus dem guten Teppichrest (das alte als Schablone benutzen!) schneiden. Kanten säubern, neues Teppichstück einpassen und mit Klebeband fixieren. Achten Sie auf die Florrichtung, sonst sieht's hinterher komisch aus!

Brandloch in Teppich oder PVC

Hierfür gibt es ein super Instrument: Ein Locheisen. Das können Sie im Baumarkt kaufen und dann mit wenigen Hammerschlägen das Brandloch aus dem Bodenbelag ausstanzen. Nun stanzen Sie ein weiteres Loch aus einem Teppich- bzw. PVC-Rest aus (Holzbrett unterlegen!) und kleben dieses einfach ein.

FUSSBÖDEN VERLEGEN

DER GUTE RAT
Wenn Sie Handwerksheldin sind und eine Stichsäge besitzen, dann nehmen Sie natürlich die.

LAMINAT: WERKZEUG

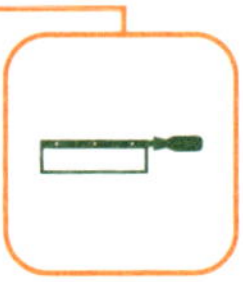
FEINSÄGE

ABSTANDHALTER

RICHTSCHNUR

MATERIAL

01. Laminat

Laminat ist ein sehr beliebter Fußbodenbelag für Mietwohnungen, weil es schwimmend verlegt, also nicht fest mit dem Untergrund verbunden wird, und daher immer wieder entfernt werden kann.
Laminatpaneele bestehen zu 90% aus gehäckselten Holzresten der Sägeindustrie. Von oben sehen sie nach Buche, Birke oder Eiche aus (inzwischen gibt es sogar Laminat in Fliesen-Optik), aber das ist nur eine Deko-Schicht. Die ist dafür absolut unempfindlich, robust und strapazierfähig – was man von echten Holzdielen nicht unbedingt behaupten kann. Laminat wird oft als spießig verhöhnt. Dabei ist es eigentlich der hygienischste, pflegeleichteste und – neben echten Holzdielen – auch der natürlichste Fußboden.
Heutzutage gibt es immer mehr Hersteller, die auf Klick- (oder auch Clic-)Laminat setzen. Zu Recht: Die Verlegung ist noch viel einfacher, da das Verleimen von Nut und Feder entfällt. Die einzelnen Paneele werden ineinander geklickt – und fertig. Sie können unbeschädigt wieder entfernt und sogar noch einmal neu verlegt werden!
Entscheiden Sie sich also für ein Klick-System – auch wenn es etwas teurer ist.

Untergrund Problemlos verlegt werden kann Laminat auf Trockenestrich, PVC, Linoleum oder Keramikfliesen. Bei anderen Untergründen lassen Sie sich vorher beraten! Nicht geeignet als Untergründe sind alte Teppich- oder Nadelfilzböden.

Arbeitsbedingungen Beim Verlegen sollte der Raum nicht kälter als 18 Grad sein. Fenster bitte geschlossen halten. Einmal geöffnete Pakete sollten sofort verarbeitet werden!

Verlegerichtung Es ist immer besser, wenn die Längsfugen mit dem Lichteinfall „laufen“. Verlegen Sie die Paneele möglichst im rechten Winkel zur Fensterseite.

Bewegungsfreiheit Laminat ist aus Holz! Holz arbeitet – das heißt, es kann sich je nach Temperatur und Luftfeuchtigkeit mehr oder weniger ausdehnen. Daher müssen Sie so genannte „Bewegungsfugen“ einplanen, also etwa 1 cm breite Lücken. Und zwar zu allen Wänden bzw. Türrahmen und zu angrenzenden Bodenbelägen. Ist der Raum sehr groß, müssen die Bewegungsfugen breiter sein. Achten Sie auf die Angaben des Herstellers.

02. Sockelleisten (= Fußleisten)

03. Trittschalldämmung

Damit die Mieter unter Ihnen nicht jedes Mal aus dem Bett fallen, wenn Sie über Ihr neues Laminat schreiten, muss eine Trittschalldämmung verlegt werden. Am besten und einfachsten eignet sich dafür PE-Schaumfolie (3–4 mm dick), die Sie im Baumarkt von der Rolle kaufen können. Wundern Sie sich nicht, wenn es trotzdem bei jedem Schritt deutlich klack-klack macht: Die Trittschalldämmung isoliert den Schall nur zum Nachbarn, nicht für die eigene Wohnung.

LOSLEGEN

Der Untergrund muss eben und sauber sein (s. S. 106). Das Laminat sollte ungeöffnet bei Zimmertemperatur (mindestens 18 Grad) mindestens zwei Tage lagern. Und zwar liegend mitten im Raum – also nicht hinstellen, anlehnen oder andere experimentelle Aufbewahrungsarten wählen! Vor dem Laminat wird die Trittschalldämmung verlegt. Dazu breiten Sie die Folie einfach glatt im Raum aus: Bahn neben Bahn, nicht überlappend, bündig zur Wand, nicht am Boden festkleben – fertig!

LOS GEHT'S

01. Erste Reihe verlegen

Das erste Paneel mit der Nut an die Wand legen. Dabei mit Abstandhaltern die Bewegungsfuge sichern. Setzen Sie etwa alle 70 cm einen Abstandhalter. Die nächsten Paneele der ersten Reihe ansetzen. Dabei die Herstellerangaben zum Klick-Mechanismus beachten.
Das letzte Paneel einer Reihe ist – natürlich – zu lang. Es muss passend gesägt werden. Das ist der unangenehme Teil der Laminat-Aktion, aber hilft ja nichts. Drehen Sie das Paneel um 180° (Deko-Seite bleibt oben!) und legen es passend neben das vorletzte – Bewegungsfuge beachten! Markieren Sie den Überstand und sägen Sie ihn ab.

ACHTUNG

Wenn Sie mit einer Feinsäge per Hand sägen, muss die Deko-Seite nach oben zeigen. Wenn Sie eine Stich- oder Kreissäge benutzen, muss die Deko-Seite nach unten zeigen!

02. Wandverlauf überprüfen

Wenn Sie das letzte Paneel dieser ersten Reihe angesetzt haben, überprüfen Sie erst mal, ob Sie gerade Wände haben. Dazu basteln Sie sich ein tolles Instrument aus einem rechteckigen Holzstück (etwa 6x6 cm; z. B. einem Laminatrest), in dessen Mitte ein Loch gebohrt wird, sodass man einen Bleistift durchstecken kann (s. Abb. S. 112). Dann fahren Sie mit dem Bleistift im Holzstück einmal die Wand

Abb. Laminat verlegen I

01a Erste Paneele verlegen

01b Letztes Paneel um 180° drehen (Deko-Seite oben)

01c Überstand markieren und absägen

01d Wieder zurückdrehen

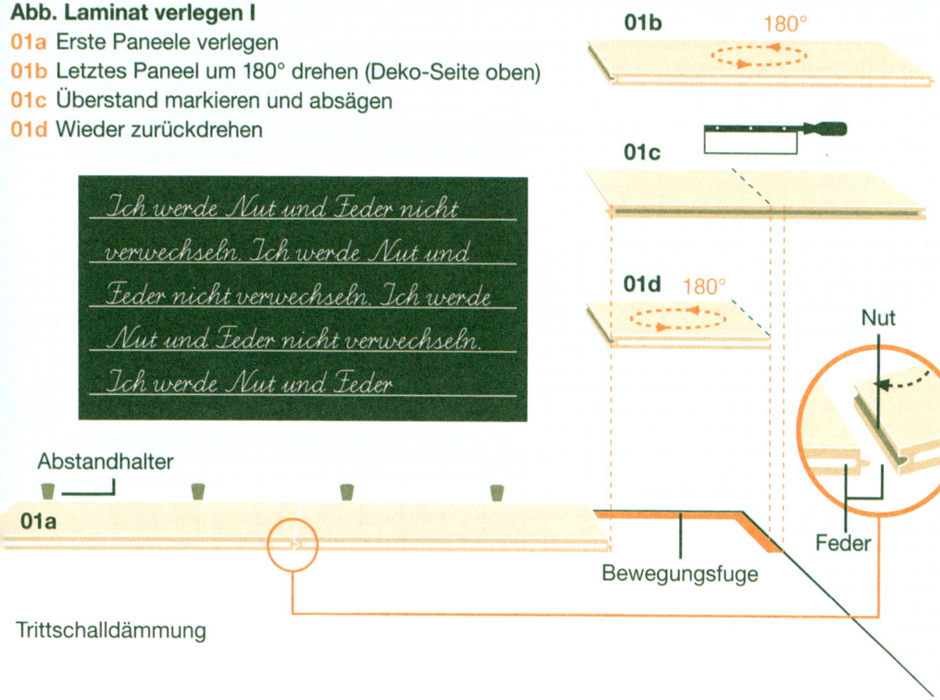

entlang und markieren dabei den Wandverlauf auf der ersten Paneelreihe. Rechtwinklig? Super, die Wand ist gerade, die Reihe kann liegen bleiben. Schief? Schade. Dann müssen Sie die Paneele jetzt entlang der Markierung absägen. Nur so wird der weitere Verlauf gerade!

03. Zweite Reihe verlegen

Wichtig ist, dass Sie jede neue Reihe mit dem Reststück der vorhergehenden beginnen. Beachten Sie aber, dass die Stöße jeweils um mindestens 40 cm versetzt liegen sollten, sonst sieht's komisch aus und hält nicht so gut.
Nun sollten Sie noch einmal kontrollieren, ob wirklich alles gerade ist. Das geht am besten mit Hilfe einer Richtschnur (s. Abb. S. 112). Wenn Sie jetzt die jeweils letzten Paneelstücke einsetzen, müssen Sie diese erst an der Längsseite bündig zur Wand einklicken und dann nach links schieben.

Abb. Laminat verlegen II

01e Letztes Paneel einsetzen
02 Überpfüfen, ob die Wand gerade ist
03a Zweite Reihe mit Reststück beginnen
03b Mit Richtschnur kontrollieren, ob alles gerade ist

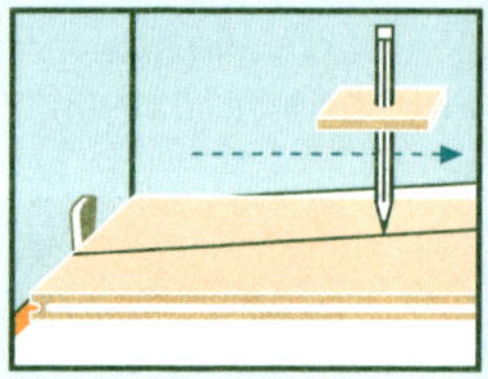

Achten Sie darauf, dass die Stöße mindestens 40 cm Abstand haben.

04. Um Hindernisse verlegen

Heizungsrohre: Die Aussparung abmessen und mit einer Lochsäge (das ist ein Aufsatz für die Bohrmaschine!) ein passendes Loch aussägen. Mit der Feinsäge zwei Schnitte bis zur Aussparung machen, das dann herausfallende Stück wird nach dem Einpassen des Paneels mit Holzleim angeklebt.

Türzargen: Sie können eine Aussparung für die Türzarge aus dem Paneel heraussägen. Die Lücke, die durch die auch hier notwendige Bewegungsfuge entsteht, kann später mit Silikon (gibt es auch in Holzfarbe!) geschlossen werden. Optisch schöner ist es natürlich, wenn Sie die Türzarge kürzen (Achtung: nicht in Mietwohnungen!) und das Laminat darunterschieben. Dazu legen Sie ein Paneel mit der Deko-Seite nach unten auf den Boden an die Zarge. Dann mit einem Fuchsschwanz direkt über dem Paneel die Zarge absägen.

05. Werk vollenden

Weiter geht es: Reihe für Reihe bis zur letzten vor der Wand. Hier bleibt wieder ein Zwischenraum, in den kein komplettes Paneel passt. Deshalb müssen Sie sich eins zurechtsägen – im exakten Maß. Und dafür gibt es einen perfekten Trick: Legen Sie ein Paneel genau passend auf die bis dahin letzte Reihe (s. S. 114). Legen Sie nun ein zweites Paneel darauf – mit der Feder zur Wand. Abstandhalter für die Bewegungsfuge nicht vergessen. Jetzt markieren Sie mit einem Bleistift entlang des oberen Paneels die Sägekante auf dem unteren Paneel. Dann sägen und einpassen.

Fertig! Oder?

Fast. Jetzt müssen Sie nur noch die Abstandhalter entfernen und die Sockelleisten anbringen. Hier gibt es wiederum unterschiedliche Systeme – erkundigen Sie sich im Baumarkt. Wichtig ist, dass die Sockelleisten niemals am Boden befestigt werden, sondern ausschließlich an der Wand. Sonst wäre nämlich der ganze Aufwand mit den Bewegungsfugen umsonst gewesen!

Styling-Tipp

Zugegeben, beim Anblick von Laminat in Fliesen-Optik oder von Paneelen im absolut holz-untypischen Farbton „Blue Lagoon" möchte man zunächst vor Entsetzen schreien. Aber: Laminat ist billiger als Fliesen, 1000-mal einfacher zu verlegen und vor allem wieder entfernbar.
Es gibt auch immer wieder ganz neue Laminat-Dekore in extrem abgefahrenen Designs: bunte Streifen, Karos oder Kreise. Wenn Sie das in einer Nische oder auf einem Absatz verlegen, setzen Sie auf jeden Fall Maßstäbe!

DER GUTE RAT

Laminat sollte vornehmlich trocken (mit Staubsauger bzw. Besen) gereinigt werden. Wenn bei hartnäckigen Flecken der Feudel zum Einsatz kommen muss, sollten Sie keinesfalls nass wischen, sondern nur „nebelfeucht" (entweder mit extra Laminatreiniger oder mit einem preiswerten Allzweckzeug).

Abb. Feinarbeiten

- 04a Aussparung heraussägen
- 04b Aussparung einpassen
- 04c Türzarge kürzen
- 04d Paneel einpassen
- 05a Paneel abmessen
- 05b Absägen

Laminat ist strapazierfähig, aber treiben Sie's nicht zu weit.

SCHLAMPENRENOVIERUNG

Macke im Fußboden

Auch wenn Laminat sehr widerstandsfähig ist – wenn das Steakmesser mit der Spitze zuerst runterfällt, kann es schon mal eine hässliche Stelle geben. Fragen Sie im Baumarkt nach einer Reparaturpaste (gibt es in verschiedenen Farbtönen).
Reinigen Sie die Stelle und kleben Sie Kreppband rund herum, so dass nur noch die Macke frei liegt. Dann die Paste mit einem kleinen Spachtel auftragen, das Klebeband abziehen und die Ränder angleichen. Für kleinere Kratzer gibt es auch Reparaturstifte.

Schwarze Streifen

Waren Freunde mit schwarzen Gummisohlen zu Besuch? Dann haben sie womöglich schockierende Spuren hinterlassen. Aber keine Sorge: Das sieht fast immer wesentlich schlimmer aus als es ist. Die meisten dieser Streifen lassen sich mit einem Radiergummi oder einem stumpfen Tuch ganz einfach abrubbeln!

Extreme Flecken oder leichte Kratzer

Für solche Fälle gibt es von einigen Laminat-Herstellern (z. B. Parador) im Baumarkt ein spezielles Intensiv-Pflegemittel. Geben Sie etwas davon auf ein Tuch und behandeln Sie die entsprechenden Stellen damit. Zum Schluss einfach feucht nachwischen.

Kinderzimmer zum Verzaubern

Kinderzimmer sind ein dankbares Terrain für kreative Handwerksheldinnen. Nirgendwo sonst können Sie Ihrer Fantasie so freien Lauf lassen und auch mal was „Verrücktes" ausprobieren.

Versuchen Sie, ein Thema für das Zimmer auszuarbeiten – wenn das Kind alt genug ist, fragen Sie nach seinen Vorstellungen. Klassiker bei Mädchen sind „Prinzessin" oder „Blumen", bei Jungen „Ritter", „Dinosaurier" oder „Fußball" (doch, ist nun mal so!). Für Jungen und Mädchen geeignet: „Sonne, Mond und Sterne" oder „Meer". Und dann zaubern Sie los!

Farben Wählen Sie für die Wände eine Farbe, die zum Thema passt, aber nicht zu extrem ist. Mädchen lieben Zimmer in Rosa- oder Rottönen, Jungen eher in Blau- oder Grüntönen.

Setzen sie ruhig eine Nische oder einen Wandteil in einem kräftigeren Ton der Grundfarbe ab und/oder lackieren Sie ein paar Kleinmöbel (Stühle, Wandregale, Aufbewahrungskisten) in diesem kräftigeren Ton.

Als Fußbodenbelag eignet sich für kleinere Kinder als Tobeunterlage am besten Teppich. Die meisten Eltern bevorzugen einen uneindeutigen Blau- oder Beigeton mit Sprenkeln – die beste Tarnung für Flecken aller Art. Schöner ist natürlich ein warmes Rot oder Sonnengelb, aber leider mit der Realität unvereinbar. Es sei denn, Sie können sich einen sehr hochwertigen Teppich leisten: Die lassen sich häufig gut reinigen. In jedem Fall sollte man etwas im weitesten Sinne Einfarbiges wählen und es dabei belassen. Auf keinen Fall noch haufenweise Motiv-Teppiche darauf stapeln, das macht das Zimmer unruhig!

DER GUTE RAT

Beziehen Sie ihr Kind möglichst mit ein! Lassen Sie es ein Stück Tapete (70 x 70 cm) frei gestalten oder geben Sie die Malerrolle beim ersten Farbauftrag ruhig mal aus der Hand. Die Kleinen werden stolz wie Oskar auf ihr Werk sein.

Abb. Traumzimmer

Akzente Wenn das Zimmer groß genug ist und Sie ein Händchen dafür haben, können Sie eine Wand „landschaftlich“ gestalten. Zum Beispiel beim Thema „Meer“: Streichen Sie einen schmalen Streifen (ca. 0,5 m) sandfarben (= Meeresgrund), einen breiteren Streifen (ca. 1 m) mittelblau (= Meer) und den Rest der Wand hellblau (= Himmel). Nun können Sie entsprechende Motive aufmalen: Krabben auf den Meeresgrund, Fische auf das Meer, Möwen auf den Himmel.

Für den kleinen Ritter können Sie eine Silhouette aus Burgzinnen aufmalen und für den Wikinger den Bug eines Schiffes. Es soll auch Kinder geben, die sich einen „Urwald“ wünschen – dann sollten sie möglicherweise noch eine begabte Freundin hinzuziehen …

DER GUTE RAT

Wichtig ist ein Platz für die eigenen Kunstwerke. Spannen Sie z. B. eine Paketschnur zwischen zwei Nägel und hängen Sie die aktuellen Kinderbilder (oder auch Fotos) einfach mit kleinen Deko-Wäscheklammern auf.

Die schnelle Alternative heißt Bordüre

Entweder eine Tapetenbordüre zum Ankleben (im Tapetengeschäft finden Sie zig Kindermotive), oder Sie schwingen doch den Pinsel – allerdings mit Hilfe von Schablonen. In Baumärkten und Bastelgeschäften gibt es unzählige Schablonen zu allen erdenklichen Themen. Diese Motive können Sie entweder als Bordüre in Reihe aufmalen – oder auch kreuz und quer auf der Wand verteilen.

Im Kinderzimmer kann sogar die sonst als peinliches 70er-Jahre-Relikt verpönte Fototapete zu neuen Ehren kommen. Geschickt platziert kann ein Stück Blumenwiese oder ein Strand eine tolle Wirkung erzielen. Die Kinder werden begeistert sein – und Sie sich vielleicht anstecken lassen.

Accessoires Versuchen Sie, ein paar Elemente des Zimmers dem Thema entsprechend zu kaufen. Bettwäsche und Vorhänge zum Beispiel gibt es mit Kronen, Dinos oder Fischen. Wer geschickt ist, näht ein paar Kissenbezüge aus einem passenden Stoff. Der Fußball-Fan bekommt eine kleine Bank oder Truhe mit Kunstrasen bezogen, andere

Möbel können entsprechend aufgemotzt werden (s. S. 78). Für den Urwald-Kandidaten und Fans des Maritimen gibt's eine Hängematte, die man über Eck in die Wände dübeln kann, oder eine Strickleiter – nicht unbedingt zum Klettern, sondern zum Anhängen verschiedener Lieblingsteile. Wer ein bisschen stöbert, findet sicher auch Kleiderhaken, Lampen oder Bilderrahmen passend zum Grundthema. Wenn nicht: Ideen sammeln und selber machen!

Ordnung Vor allem im Kinderzimmer sollte es genügend Aufbewahrungsmöglichkeiten geben. Je mehr „einfach so rumsteht", desto unordentlicher wird es. Sorgen Sie dafür, dass jedes Ding seinen Platz hat. Kisten können mit entsprechenden Symbolen beklebt bzw. beschriftet werden. Das erleichtert das Aufräumen und macht den Kindern Spaß. Gute Anregungen für die Aufbewahrung von Kleinteilen gibt es in den Küchenabteilungen der Möbelhäuser. Dort findet man zum Beispiel Aufhängesysteme mit Behältern für Besteck und Kochlöffel – genauso lassen sich auch Stifte, Scheren, Kleber gut unterbringen.

Und noch ein Tipp, der sich problemlos realisieren lässt und immer gut ankommt: Kleben Sie auf eine langweile Schrankwand ein Stück Tafelfolie (gibt es im Baumarkt oder Kaufhaus). Da können die Kleinen drauf kritzeln und die Großen Notizen schreiben. Es gibt auch Tafelfarbe, mit der man ein Stück der Wand streichen kann! Oder kaufen Sie im Baumarkt ein Stück verzinktes Eisenblech (gibt es in verschiedenen Größen sehr preiswert!) und kleben es mit Patex oder Silikon auf den Schrank, die Tür etc. Toller Platz für Buchstabenmagnete oder zum Fixieren wichtiger Zettel und kleiner Kunstwerke.

07 WÄNDE FLIESEN

DIE AUFGABE

Wenn Sie noch nie Fliesen verlegt haben, sollten Sie sich nicht gleich ein ganzes Bad vornehmen. Sie werden verzweifeln, vor allem, wenn Sie einen Altbau mit schiefen Wänden bewohnen. Rufen Sie in diesem Fall lieber einen Profi. Wenn es sich aber nur um einen kleinen Raum (Toilette) handelt oder um eine halbhohe Wand – das können Sie sich ruhig zutrauen.

AUFWAND

SCHWIERIGKEITSGRAD

Mittel

PERSONAL

Geht besser zu zweit

ZEITAUFWAND

Hoch – wenn Sie ein ganzes Zimmer fliesen wollen, sollten Sie sich eine Woche Zeit nehmen. Wenn Sie nur einige Reihen über der Küchenarbeitsplatte verschönern wollen, reicht ein Tag.

SAUEREI-FAKTOR

Gering – man glaubt es kaum, aber Fliesen (in Maßen!) ist eine recht saubere Angelegenheit

FITNESS-FAKTOR

Gering – so eine Fliese wiegt nun mal nicht viel. Wenn Sie allerdings die Pakete in den vierten Stock tragen müssen, können Sie sich die nächste Stunde auf dem Stepper sparen!

07 WÄNDE FLIESEN

DIE THEORIE

Irgendein Kleber muss auf die Wand, die Fliesen drauf, verfugen und gut ist's.

DIE PRAXIS

Wie wird es gerade? Das ist das Hauptproblem beim Fliesen. Denn jede Unstimmigkeit setzt sich nach oben fort – und entstellt das Endergebnis. Also mal wieder: Gut ausmessen, und nicht zu faul sein, um Wasserwaage und Richtschnur zu benutzen!

WERKZEUG

DER GUTE RAT

Brauchen Sie, wenn Sie um Hindernisse wie Rohre oder Steckdosen herumfliesen müssen.

FLIESENLOCHSÄGE

PAPAGEIENZANGE

ZAHNSPACHTEL

Wenn Sie eine sehr kleine Fläche verfliesen, reicht ein kleiner Kunststoffspachtel (10 cm breit).

GLÄTTER

ECKENSCHNUR

GUMMIRAKEL

Je teurer, desto besser schneidet sie. Vielleicht können Sie sich eine ausleihen.

FLIESENSCHNEIDE-MASCHINE

MATERIAL

01. Tiefengrund
Siehe Seite 41.

02. Fliesen
Die Auswahl ist riesig, der Preis oft niedriger als man denkt. Überlegen Sie zuerst, welche Größe die Fliesen haben sollen: Für größere Flächen eignen sich großformatige Flie-sen (spart auch Arbeit!), für kleinere Flächen sind kleinformatige optisch schöner. Der Preis berechnet sich nach Quadratmetern.
Wenn Sie die benötigte Menge ausgerechnet haben, addieren Sie mindestens 5% Verschnitt!

03. Fliesenkleber
Das hier erläuterte Verfahren ist das so genannte „Dünnbettverfahren" (nein, das hat nichts mit Dünnbrettbohren zu tun…). Es bedeutet, dass die Fliesen auf eine eher dünne Schicht Fliesenkleber „gebettet", also geklebt, werden. Es gibt auch das „Dickbettverfahren" (Fliesen werden in eine sehr dicke mörtelähnliche Schicht gelegt), das ist heutzutage für den Hausgebrauch aber eher unüblich.
Für das Dünnbettverfahren kann man wahlweise Fertigkleber kaufen oder eine Art „Pulver", das ähnlich wie Putz mit Wasser angerührt wird. Alle Profis arbeiten natürlich mit Letzterem, unter anderem weil der Fertigkleber sehr viel teurer ist. Trotzdem: Wenn Sie Anfängerin sind und ihre zu verfliesende Fläche eher klein ist, nehmen Sie den Fertigkleber, dann haben Sie schon mal eine Sorge weniger – Sie müssen nichts anrühren (= weniger Nerverei und weniger Sauerei!). Der Auftrag will ohnehin geübt sein und ist mit dem Fertigkleber bedeutend leichter.
Richtwerte zum Verbrauch finden Sie auf der Packung des jeweiligen Klebers.

DER GUTE RAT

Kaufen Sie lieber einen Karton mehr. Geschlossene Kartons kann man zurückgeben. Wenn Sie hingegen später nachkaufen, könnte es passieren, dass Sie eine andere Serie erwischen, und dann kann es zu Farbabweichungen kommen.

ACHTUNG

Fragen Sie sicherheitshalber beim Kauf der Fliesen nach Besonderheiten bei der Verlegung und nach dem richtigen Kleber!

04. Fliesenkreuze
Sind enorm hilfreich beim Anbringen der Fliesen – und beim Verfugen.

05. Fugenmörtel
Es gibt gröberen und feineren – je nachdem, wie breit die Fuge sein soll. Auf der Packung steht, für welche Fugenbreite das Produkt geeignet ist. Fragen Sie aber am besten schon beim Fliesenkauf nach der günstigsten Fugenbreite, sie ist nämlich von Größe und Beschaffenheit der Fliese abhängig. Lassen Sie sich außerdem den passenden Fugenmörtel empfehlen.
Außerdem gibt es extra wasserabweisenden Fugenmörtel, von dem die Wassertropfen abperlen (heißt deshalb auch „Perl-Effekt" oder „Aqua-Perl") – wichtig für Nassbereiche. Und: Fugenmörtel gibt es in verschiedenen Farben. Oft ist es reizvoll, helle Fliesen mit dunklen Fugen abzusetzen – oder umgekehrt. Auch farbige Fugen können besondere Akzente setzen! Von einigen Herstellern gibt es zu dem farbigen Fugenmörtel ein genau passendes Silikon für die Dehnungsfugen.

ACHTUNG
Farbigen Fugenmörtel besonders gründlich durchmischen, bis die Farbe wirklich gleichmäßig ist.

06. Silikonkartusche und Kartuschenpistole
Unverzichtbar für die Dehnungsfugen!

BEVOR SIE LOSLEGEN

Alte Tapeten müssen ab (s. S. 43). Wenn Sie erst alte Fliesen abstemmen müssen, brauchen Sie einen elektrische Meißel- oder Drucklufthammer (kann man sich im Baumarkt ausleihen) und starke Arme oder einen starken Freund. Oder Sie rufen gleich einen Fachmann – der Ihnen vermutlich raten wird, aus alt neu zu machen und einfach drüberzufliesen (s. S. 130). Kleinere Flächen kann man auch

ACHTUNG
Fliesen abstemmen macht sehr viel Dreck und produziert eine Menge Bauschutt. Der muss auf dem Recyclinghof entsorgt werden (kostet Geld). Je nachdem, wie viel Schutt Sie haben, lohnt es sich auch, einen kleinen Container zu bestellen.

weniger aufwändig mit Hammer und Meißel freilegen. Gucken Sie sich die Wand, die Sie nun fliesen wollen, genau an: Ist sie sehr glatt? Gut für Sie – es kann direkt losgehen. Kleinere Unebenheiten kann man mit dem Fliesenkleber ausgleichen, größere Unebenheiten sollten vorher glatt gespachtelt bzw. verputzt werden (s. S. 57).
Ist der Untergrund staubig/sandig, sollte er mit einem Besen oder Handfeger abgebürstet und anschließend auf jeden Fall mit Tiefengrund grundiert werden. Wenn Sie unsicher sind: Gönnen Sie sich den Tiefengrund ruhig – ist im Zweifel immer von Vorteil (s. S. 55).

LOS GEHT'S

01. Rechnen

Messen und rechnen Sie aus, wie viele Fliesen in eine Reihe passen. Die letzte Fliese muss in der Regel geschnitten werden. Tun Sie das, bevor Sie anfangen zu kleben, sonst trocknet in der Zwischenzeit der Kleber!

Ein Profi muss her

Auch wenn Sie sich für eine größere Fliesen-Aktion entschieden haben: Für den Duschbereich sollten Sie einen Profi hinzuziehen – oder sich noch mal sehr genau beraten lassen. Denn dort wird zunächst eine Art Gummi-Sperrschicht („Duschdicht“) auf die Wand gestrichen, damit auch wirklich kein Wasser eindringt!

02. Zuschneiden

Die meisten Fliesenschneidemaschinen funktionieren so, dass sie die Fliese der Länge nach einritzen und dann an dieser Stelle brechen. Die ersten Fliesen werden Sie wahrscheinlich nicht gerade hinkriegen. Üben Sie mit ein paar Resten!

ACHTUNG

Zwischen Fliesen und Wand bzw. Boden immer eine Lücke (Breite entspricht der Fugenbreite) lassen, das ist die Dehnungsfuge, die später mit Silikon gefüllt wird.

ACHTUNG

Am besten ist es, wenn die Fliese gleich in der richtigen Position sitzt. Etwa 10 Minuten lang (je nach Kleber) lässt sie sich zwar noch justieren, aber je mehr man daran rumruckelt, desto schlechter klebt sie.

03. Kleber auf die Wand bringen

Bei größeren Flächen mit dem Glätter, bei kleineren Flächen mit einem Spachtel. Am besten eignet sich ein etwa 10 cm breiter Kunststoffspachtel. In der Regel fliest man von unten nach oben. Für den Anfang ziehen Sie erst mal nur Kleber für ein bis zwei Reihen auf. Wenn Sie routinierter fliesen, kann die Fläche auch größer sein.
Mit dem Zahnspachtel wird der Kleber nun in Wellen durchkämmt. So bekommt man eine gleichmäßige Kleber-Dicke über die ganze Fläche.

04. Fliesen ankleben

Kleben Sie zunächst die erste und die letzte Fliese einer Reihe auf. Möglichst exakt auf den Kleber aufsetzen und vollflächig andrücken. Zwischen diese beiden wird die elastische Eckenschnur (auch „Fliesenhexe" genannt) gespannt. Die Fliesenhexe hat an beiden Enden extra Vorrichtungen, die auf die Fliese geklemmt werden. Alternativ (billiger, aber viel mehr Fummelkram!) können Sie natürlich auch einen kleinen Nagel kurz über den äußeren Fliesenecken einschlagen und selbst eine Schnur spannen. Die beiden Fliesen und die Schnur mit der Wasserwaage genau waagerecht ausrichten, dann kann entlang der Schnur die ganze Reihe schön gerade geklebt werden. Zwischen den Fliesen immer eine Fugenbreite Abstand (s. S. 124) lassen. Damit der Abstand gleichmäßig wird und die Fliesen nicht verrutschen, kann man kleine Fliesenkreuze aus Plastik einsetzen.

05. Verfugen

Wenn der Kleber getrocknet ist (Trockenzeit: siehe Herstellerangaben!), können Sie verfugen. In den Fugen sollten keine Kleberreste sein – vorher gründlich auskratzen! Dafür gibt es im Baumarkt einen Fugenkratzer, den Sie aber genauso gut mit einem ausrangierten Schraubendreher oder

Abb. Wände fliesen

01 Wand abmessen
02 Fliese zurechtschneiden
03a Kleber aufziehen
03b Mit Zahnspachtel durchkämmen
04a Erste und letzte Fliese ankleben
04b Fliesenhexe waagerecht anbringen
04c Fliesen weiterkleben
05 Fugenmörtel einarbeiten und Fläche reinigen

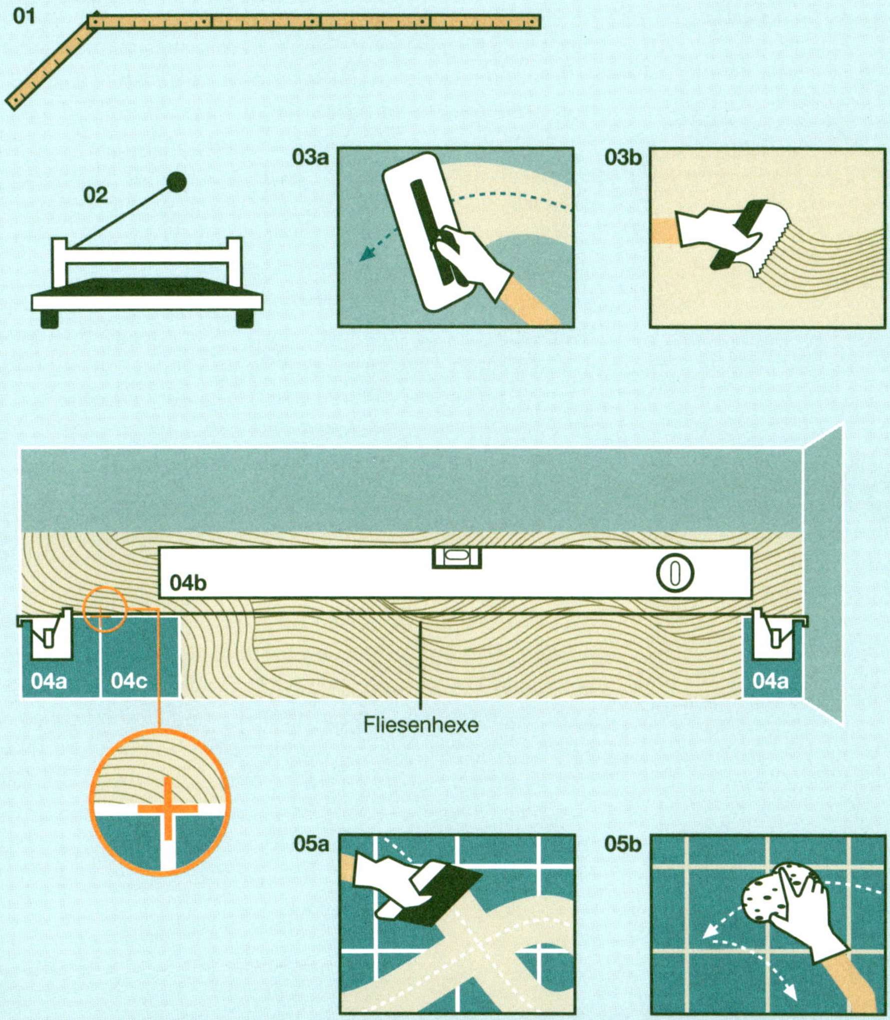

einem alten Küchenmesser ersetzen können. Rühren Sie den Fugenmörtel laut Packungsanleitung an – ja, das klingt wieder nach Dr. Oetkers Sahnepudding, ist aber etwas komplizierter (s. auch S. 55: „Anrühren von Feinputz" – es ist das selbe Prinzip).
Wenn die Masse glatt und klumpenfrei ist, wird sie mit dem Gummirakel (oder einem Schwammbrett) kreuz und quer in die Fugen eingearbeitet. Das heißt, man wischt munter hin und her (am besten diagonal – ist ein bisschen wie Fensterputzen, man muss sich allerdings besser konzentrieren!) und sieht zu, dass alle Hohlräume gut gefüllt werden. Natürlich darf nichts überstehen. Die überschüssige Masse wird beim Wischen mit dem Rakel immer wieder abgetragen. Nicht rumtrödeln, irgendwann zieht die Masse an und lässt sich dann nicht mehr wischen. Dann (und wenn Sie gut gearbeitet haben, sind jetzt auch alle Fugen gefüllt) wird die Fläche mit einem feuchten Schwamm und reichlich Wasser gereinigt. Nun muss die Fugenmasse richtig trocknen und durchhärten (siehe wiederum Angaben des Herstellers). Anschließend wird die Wand mit einem Lappen poliert und der letzte dünne Film Fugenmörtel weggewischt.

ACHTUNG

Rühren Sie unbedingt so viel Fugenmörtel an, dass Sie auf einen Schlag die ganze Fläche verfugen können. Denn das Mischverhältnis Pulver – Wasser bestimmt den Farbton (auch bei Weiß!). Ein zweites Mal kriegen Sie nie wieder den gleichen Ton hin.

06. Elastische Abschlussfugen spritzen

An einigen Stellen besteht Gefahr, dass die Fugen durch Dehnung oder Bewegung reißen können, deshalb müssen dort dauerelastische Fugen aus Silikon oder Acryl gespritzt werden. So zum Beispiel überall dort, wo Fliesen auf Holz treffen (an Tür- bzw. Fensterrahmen und Fußleisten) und beim Übergang von Fliesen zu Bade- und Duschwannen sowie Waschbecken. Elastische Fugen, die Sie später überstreichen oder -lackieren wollen, sollten aus Acryl sein, alle Fugen im Nassbereich aus Silikon. Gespritzt werden sie mit einer Kartusche, glatt gestrichen mit dem Finger oder einem extra Silikonspachtel.

ACHTUNG

Wenn Sie die manuelle Methode wählen, sollten Sie wissen, dass Silikon sich ähnlich verhält wie Hefeteig und schön am Finger festklebt. Um das zu vermeiden, sollten Sie den Finger immer erst in Spüli-Wasser tauchen und dann die Fuge glattstreichen.

Um Hindernisse fliesen 07

Um Hindernisse fliesen

Um runde Aussparungen (z. B. für Wasseranschlüsse) aus einer Fliese herauszusägen, nimmt man am besten eine Fliesenlochsäge, also einen speziellen Aufsatz für die Bohrmaschine. Für sehr kleine Öffnungen (z. B. für Leitungen) reicht meist ein Spezialbohrer für Fliesen.
Günstigenfalls sollte die herauszusägende Öffnung mitten auf der Fliese liegen, damit Sie nicht mehrere Fliesen beschädigen müssen. Lässt es sich nicht vermeiden, dass das Hindernis genau auf einer Fuge liegt, müssen zwei oder mehr Fliesen am Rand „angeknabbert" werden. Dazu nimmt man eine Papageienzange. Unbedingt erst mal an einem Rest üben, sonst drohen Nervenzusammenbrüche! Die so entstandenen unregelmäßigen Ränder werden später mit einer Rosette abgedeckt.
Man kann die Aussparungen auch mit einer Bügel- oder Stichsäge (mit Spezialsägeblättern!) heraussägen – aber dafür brauchen Sie noch mehr Übung und sehr viel Gefühl …

DER GUTE RAT

Rosette nennt man die runden Chromteile, die sich kleidsam um aus der Wand tretende Wasserrohre schmiegen. Bei Armaturen sind sie sowieso immer dabei – es gibt sie aber auch im Baumarkt in verschiedenen Größen einzeln zu kaufen.

Abb. Um Hindernisse fliesen

- a Mittelpunkt vom Hindernis ausmessen
- b Fliese(n) entweder mit Fliesenlochsäge oder Papageienzange zurechtschneiden
- c evtl. Ränder mit Rosette abdecken

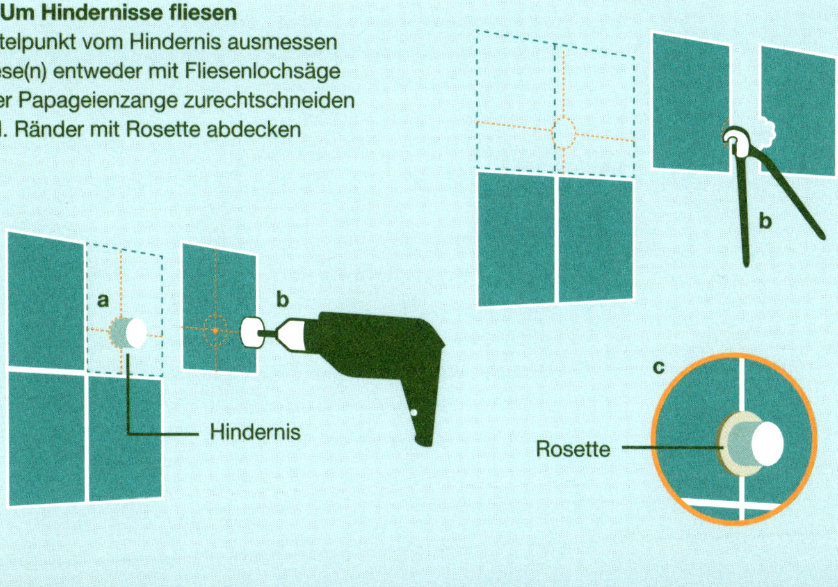

07

WÄNDE FLIESEN

Überfliesen

Wenn Ihr Badezimmer in mauve mit Blümchen gehalten ist – und Sie wollen die Omi-Optik ändern, ohne mit viel Aufwand (und der damit verbundenen Riesensauerei) die alten Fliesen abzustemmen – gibt es den allseits bekannten und beliebten Trick des Überfliesens. Die neuen Fliesen werden einfach auf die alten geklebt.

Einziger Nachteil: Das Fliesenschild ist dann doppelt so dick – falls es nur halb hoch reicht, haben Sie einen deutlicheren Absatz zur Wand.

Dieses Verfahren ist übrigens keineswegs Pfusch, sondern wird oft auch vom Profi angewandt, eben weil es weniger Arbeit und Dreck macht – und weil man gerade in Altbauten nicht weiß, wie die Wand aussieht, wenn die alten Fliesen erst mal ab sind. Wenn diese nämlich im – früher üblichen – Dickbettverfahren geklebt wurden, ist zu erwarten, dass mit den Fliesen die halbe Wand abgestemmt wird, was eine sehr aufwändige Neuverputzung nach sich ziehen würde.

Beachten müssen Sie nur, dass man dafür einen extra Fliesenkleber benötigt. Fragen Sie im Baumarkt, welcher geeignet ist, um neu auf alt zu kleben.

Meist muss erst eine dünne Schicht des Klebers aufgetragen werden – zur Verbesserung der Haftfähigkeit. Nach dem Trocknen wird dann die richtige Schicht (mit dem Zahnspachtel) aufgetragen.

Lesen Sie aber auf jeden Fall die Angaben des Kleber-Herstellers!

ACHTUNG

Natürlich müssen Sie Ihren Vermieter fragen, bevor Sie Fliesen überfliesen oder überlackieren (s. S. 133). Vielleicht haben Sie Glück und er ist bereit, mit der Zeit zu gehen. Und wenn Sie ganz viel Glück haben, gibt er Ihnen sogar einen Zuschuss!

Styling-Tipp

Auch für Fliesen gibt es Bordüren, die allerdings oft unverhältnismäßig teuer sind. Alternativ können Sie einfach eine Fliesenreihe (oder auch mehrere) in einer anderen Farbe kleben oder einen Teil der Wand mit Mosaikfliesen absetzen. Es gibt Glasmosaiken auf so genannten Matten (sehr teuer und oft schwer zu kleben!) oder bereits mit Mosaiksteinen beklebte Fliesenplatten. Diese sind relativ preiswert, werden wie normale Fliesen geklebt und später auch normal verfugt (allerdings ohne Fuge aneinander gesetzt – fragen Sie im Fliesengeschäft!). Aus Mosaikfliesen können Sie sich auch selbst eine Bordüre basteln: Entweder die Matten entsprechend zurechtschneiden oder die Fliesenplatten mit dem Fliesenschneider auf Bordürengröße bringen.

ERSTE HILFE BEI UNFÄLLEN

Fliese bricht falsch beim Schneiden

Am Anfang ganz normal, auch wenn Sie eine Schneidemaschine benutzen. Man braucht erst das richtige Feeling. Lesen Sie genau die Angaben des Herstellers: Wie man die Fliese in den Apparat einlegt und wie man sie bricht. Das ist nämlich je nach Maschine sehr unterschiedlich. Vielleicht haben Sie noch alte Fliesen im Keller zum Üben – oder Sie fragen im Fliesengeschäft nach billigen Resten!

Kleber hält nicht

Haben Sie Tiefengrund aufgetragen? Wenn ja, und der Kleber hält trotzdem nicht, braucht Ihre Wand vielleicht eine Spezial-Grundierung. Fragen Sie im Fachgeschäft!

Fliese verrutscht nach dem Ankleben

Haben Sie richtig geklebt? Die Fliesen müssen mit Kraft in den Kleber gedrückt werden und mit den Fliesenkreuzen vor dem Verrutschen bewahrt werden! Zur Not können Sie eine Fliese wieder abnehmen. Dann aber den Kleber von der Fliese und von der Wand abkratzen und neu auftragen!

07 WÄNDE FLIESEN

SCHLAMPENRENOVIERUNG

Eine Fliese hat einen Sprung

Hier brauchen Sie einen Fugenkratzer (gibt es im Baumarkt). Damit kratzen Sie vorsichtig die Fuge um die kaputte Fliese heraus. Dann setzen Sie den Fliesenmeißel (oder einen alten Schraubendreher) an der freigelegten Fuge an und hämmern die Fliese zur Mitte hin raus. Vorsichtig die alten Kleberreste von der Wand entfernen, mit einem kleinen Zahnspachtel den (Fertig-)Fliesenkleber auftragen, die neue Fliese einsetzen und festdrücken. Nach der Trockenzeit verfugen wie oben beschrieben.

Fugen total versifft

Dafür gibt es extra Fugenreiniger im Baumarkt. Damit können Sie ihre Fugen richtig schön sauber schrubben. Wenn der Siff eher dem Schimmelpilz zuzuordnen ist, kaufen Sie einen Schimmelvernichter zum Aufsprühen. Es gibt auch „Fugenfrisch", damit kann man schäbig aussehende Fugen einmal komplett auffrischen.

ACHTUNG: Die Bezeichnungen wie „Fugenweiß", „Fugenfrisch" etc. variieren von Hersteller zu Hersteller. Das Angebot an Fugen- und Fliesenmittelchen im Baumarkt ist riesig – lesen Sie die Beschreibung auf der Packung genau oder fragen Sie nach!

Fuge(n) beschädigt

Wenn es nur leichte Schäden sind, können Sie diese mit Fugenweiß aus der Tube ausbessern. Das ist eine fertig angerührte Fugenmasse speziell für kleine Macken oder auch alte Dübellöcher. Wenn die Schäden größer sind oder viele Fugen betroffen sind, können sie diese auskratzen und anschließend die ganze Fläche einmal mit neu angerührtem Fugenmörtel glatt ziehen.

SCHLAMPENRENOVIERUNG

Silikonfuge versifft oder beschädigt

Kratzen bzw. schneiden Sie die alte Silikonfuge mit einem Cutter sauber heraus. Wenn Ihnen das zu nervig ist, können Sie einen „Silikon-Entferner" (gibt es im Baumarkt) zu Hilfe nehmen. Wenn die alte Fuge raus ist, überprüfen, ob auch alles schön trocken ist, dann die neue Fuge spritzen. Auch hier gibt es die 1-2-3-fertig-Variante: selbstklebendes Fugenband. Das ist aber viel teurer – und jeder Profi würde schreien: Pfusch!!! Entscheiden Sie selbst…

Neue Optik – wenig Aufwand: Überlackieren

Die einfachste Methode, um geschmacklose Fliesen in neutrale zu verwandeln, ist die des Überlackierens. Dazu verwendet man einen speziellen Fliesenlack, der aus zwei Komponenten besteht und deshalb besonders hart wird. Alte Fliesen gründlich reinigen, dann die Grundierung auftragen, nach ausreichender Trockenzeit den Lack – und fertig ist das neue strahlende Bad. Nachteil: Wenn die alten Kacheln nicht nur eine unmögliche Farbe hatten, sondern auch noch hässliche Relief-Muster, erkennt man dieses Relief später immer noch, allerdings nur leicht.

Wellness-Bad – nur ein Traum?

Es müssen ja nicht gleich Kerzen und Duftlämpchen sein – aber ein gemütliches Bad, das schon morgens die Stimmung hebt, das wär's doch. Leider sind die meisten Pläne in Wohnzeitschriften kaum realisierbar. Denn – mal ehrlich – wer hat schon das Geld, sein Bad total zu entkernen, um es dann mit tropischen Hölzern und Designer-Armaturen auszustatten? Trotzdem: Mit ein paar Tricks und Ideen kann man auch ein unscheinbares Bad zum Strahlen bringen.

Farben Kleiner Aufwand – große Wirkung. Die richtige Farbe für Ihr Wohlfühl-Bad. Sie können wählen zwischen „frisch" (hier bieten sich im Bad Grün- und Türkistöne an oder auch ein leuchtendes Sonnengelb) und „behaglich" (helles Blau, zartes Rosa oder Gelb).

Fliesen Fliesen bis unter die Decke? Man war zu faul, über Sinn und Zweck der Fliesen nachzudenken. Die sind nämlich eigentlich dazu da, die Wände vor Feuchtigkeit zu schützen. Aber zumindest im Badewannen- und Waschbecken-Bereich reicht es, bis auf eine Höhe von etwa 1,20 m zu fliesen, der Rest kann gestrichen oder tapeziert werden. Schwimmbad-Optik ade – das Wellness-Bad kann kommen.

Sanitärobjekte Selbst wenn Sie sich die Designer nicht leisten können: Keiner muss mehr mit dem fliederfarbenen Waschbecken leben. Ein neues Wasch- oder Toilettenbecken und Armaturen, die Ihnen richtig gut gefallen, finden Sie bestimmt auch zu bezahlbaren Preisen (mit dem Vermieter sprechen – vielleicht gibt er sogar Geld!). Haben Sie so eine alte Duschkabine aus den 80ern mit krisseligen Plastiktüren? Raus damit! Im Baumarkt gibt es recht günstige Duschkabinen, die das Bad gleich viel transparenter und heller machen.

DER GUTE RAT

Idealerweise sollte es im Bad mindestens zwei Lichtquellen geben: Eine helle über dem Spiegel zum Schminken und eine gedämpfte (am besten dimmbare) für die gemütlichen Stunden in der Badewanne (s. auch S. 154). Fragen Sie beim Kauf unbedingt, ob die Leuchten fürs Badezimmer geeignet sind!

Abb. Ein Traum wird wahr

Spiegel Große Spiegel sind ebenfalls tolle „Aufheller" – und sie machen das Bad größer. Suchen Sie nicht lange in Einrichtungshäusern, sondern bestellen Sie einen Spiegel in Ihren Wunschmaßen beim Glaser. Der passt genau über Ihr Waschbecken und verschreckt nicht durch einen abenteuerlichen Rahmen.

Natur Holz im Bad ist toll, weil es so wohnlich und behaglich wirkt. Es sollte allerdings auch edles Holz sein, also hängen Sie bitte keine Kiefernschränke auf! Ersetzen Sie den Frotteevorleger durch eine Bambusmatte oder ein Holzrost. Schön sind auch geflochtene Körbe zur Aufbewahrung der Bad-Utensilien – und natürlich Pflanzen. Je nach Größe des Badezimmers sollten es aber nicht zu viele sein. Meist wirkt es besser, eine Grünpflanze (z. B. Bambus) in einem schönen Übertopf auf die Fensterbank zu stellen, als überall hier und dort ein Blümchen.

08 STROM, WASSER, HEIZUNG

KEINE ANGST VOR DER HAUSTECHNIK

Strom kommt aus der Steckdose und das Wasser von den Wasserwerken. Und sonst? Wissen die meisten nicht allzu viel über Haustechnik. Dabei hilft ein bisschen Verstehen schon viel weiter, wenn plötzlich kein Strom mehr aus der Steckdose kommt, die Heizung pfeift oder das Waschbecken hoffnungslos verstopft ist.

Für bessere Nerven und mehr Sicherheit in Sachen Strom-Wasser-Heizung gibt es hier ein paar Basics. Schließlich wollen Sie nach einer erfolgreichen Renovierung doch nicht vor einer kaputten Glühlampe kapitulieren, oder?

08 STROM, WASSER, HEIZUNG

Beleuchten, staubsaugen, Radio hören – ALLES ÜBER STROM

ACHTUNG: Der Kontakt mit elektrischem Strom ist lebensgefährlich. Deshalb ist dieses Kapitel nicht als Do-it-yourself-Anleitung zu verstehen, sondern eher als Grundinformation zum Thema Strom. Offiziell müssen Sie alle Anschlussarbeiten schon allein aus versicherungsrechtlichen Gründen einem Profi-Elektriker überlassen. Wenn Sie sich dennoch entschließen, einfache Elektroarbeiten selbst durchzuführen, achten Sie unbedingt auf Ihre Sicherheit:

SAFER STROM

Sicherung raus!

Sicherung ausschalten und sicherstellen, dass kein übereifriger Mitbewohner die Sicherung wieder einschaltet. Schalten Sie auf jeden Fall die Hauptsicherung aus – nicht nur die für ein einzelnes Zimmer. Wer weiß, wer den Stromkasten mal beschriftet hat … Außerdem ist es manchmal so, dass z. B. die Steckdosen des einen Zimmers mit an der Sicherung eines ganz anderen Zimmers hängen.
Obwohl nun eigentlich ausgeschlossen ist, dass Strom fließt, sollten Sie auch die folgenden Hinweise beachten.

Schuhe mit Gummisohlen

Niemals barfuß arbeiten, sondern Schuhe mit Gummisohlen tragen!

VDE-Zeichen beachten

Schraubendreher für Elektroarbeiten sollten bis zur Spitze schutzisoliert sein und das VDE(= Verein deutscher Elektriker)-Zeichen tragen.

Abb. Haustechnik
a Heizkörper
b Brennofen
c Warmwasserspeicher

Abb. Leitungsverlauf (bei ordnungsgemäßer Verlegung)
a Verteilerdose
b Lichtschalter
c Steckdose

Grundsätzlich nicht waagerecht oder senkrecht zu Steckdosen, Schaltern und Verteilerdosen bohren. Immer sicherheitshalber ein Spannungssuchgerät anlegen!

GUT ZU WISSEN

Strom fließt in Leitungen – nicht in Kabeln übrigens, denn Kabel liegen immer unter der Erde.
Die Leitungen bestehen aus mehreren Kupferadern, die mit einer Isolierung umhüllt sind. Die Isolierungen sind farblich gekennzeichnet:
Grün-gelb ist der Schutzleiter (PE = Protected Earth), auch „Erdung“ genannt. Hellblau ist der Nullleiter (N = Neutral). Schwarz oder braun ist die Phase (L = Lead). Die meisten Leitungen im Wohnbereich bestehen aus diesen drei Adern. Es gibt aber auch 4- und 5-adrige Leitungen. Die Anzahl der Adern hängt von der Art der Installation ab.

Stromkreislauf

Für Amateur-Elektrikerinnen erklärt, funktioniert das mit dem Strom so: An der Phase liegt Spannung an. Am Nullleiter fließt Spannung ab. Noch fließt aber kein Strom. Erst wenn ein Widerstand, also zum Beispiel eine Lampe, zwischen Phase und Nullleiter geschaltet wird (= Schalter ein), schließt sich der Stromkreis – die Lampe leuchtet! Phase und Nullleiter dürfen sich niemals berühren, sonst gibt es einen Kurzschluss. Der Schutzleiter kann lebensrettend sein: Er wird am (leitenden) Gehäuse des jeweiligen Geräts angeschlossen und leitet – bei einem Kurzschluss oder wenn der Nullleiter kaputt ist – die Spannung ab. Wenn man die Hauptsicherung ausschaltet, trennt man die Wohnung vom Netz.

Leitungsverlauf

Leitungen verlaufen meistens senkrecht und waagerecht zu Steckdosen, Schaltern und Verteilerdosen (s. Abb. S. 140). Das heißt: In diesen Bereichen sollte man auf keinen Fall bohren. Legen Sie sich ein Spannungssuchgerät zu, das anzeigt, ob hinter einer Wand Spannung anliegt, sich dort

ACHTUNG

Im Altbau müssen Sie besonders aufpassen, weil früher die Farben der Ader-Isolierung anders waren: Der Schutzleiter war rot, der Nullleiter grau. Ganz früher gab es gar keine Farben.

also eine Leitung befindet. Klingt nach Wünschelrute, ist aber zuverlässiger. Unbedingt die Gebrauchsanweisung lesen, denn jedes dieser Geräte funktioniert anders! Übrigens können Sie damit auch schlafraubende Stromleitungen hinter und neben dem Bett suchen – ein erster Schritt zum Feng-Shui-gerechten Wohnen.

Strom sparen

Lassen Sie Geräte niemals auf Stand-by, sondern schalten Sie sie immer richtig aus. Mehrfachsteckdosen mit eingebauten Schalter (gibt es übrigens auch in lustigen Designs!) erleichtern das Leben: Ein Fußtritt, klick – und die komplette Hifi-Anlage ist vom Netz. Auch Ladegeräte sollte man nicht in der Steckdose lassen, ohne dass etwas geladen werden muss; das verbraucht alles unnötig Strom und kostet Geld!

Abb. Strom
a 3-adrige Leitung
b Simpler Stromkreis

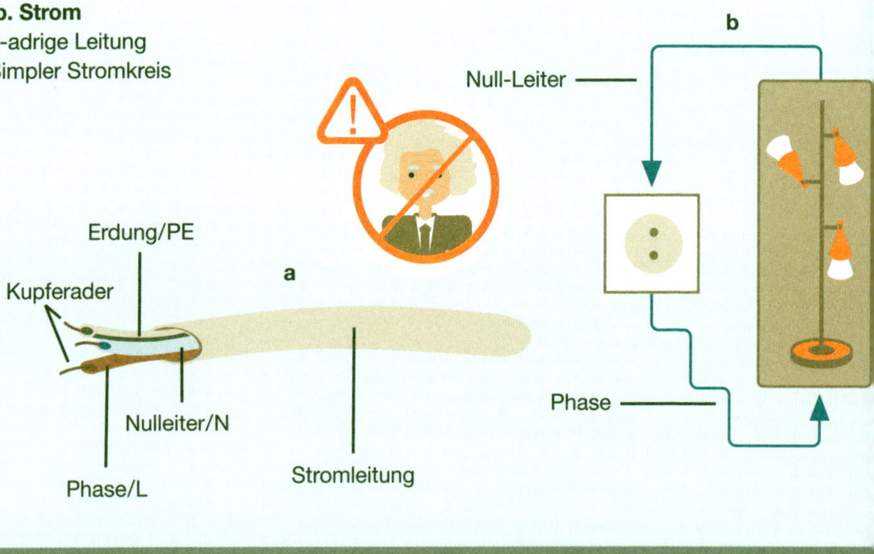

Sie müssen kein Physik-Diplom haben, um einen einfachen Stromkreis zu verstehen! Hier gilt: Auch Grundwissen ist Macht!

ERSTE HILFE BEI ELEKTRO-PANNEN

Kein Licht in der Küche, und der Kühlschrank ist aus

Schauen Sie nach, ob die Sicherung rausgeflogen ist. Wenn ja (und das ist wahrscheinlich), ziehen Sie zunächst alle Netzstecker der Verbrauchergeräte (Kühlschrank, Kaffeemaschine, Mikrowelle etc.) und schrauben Sie die Glühlampen raus. Schalten Sie erst die Sicherung, dann alle Geräte einzeln ein und wieder aus – immer, nachdem Sie den jeweiligen Netzstecker eingesteckt haben. Wenn beim Einschalten eines Geräts die Sicherung wieder rausfliegt, ist dieses Gerät kaputt! Benutzen Sie es nicht mehr! Wenn alle Geräte funktionieren, ist die Sicherung möglicherweise durch Überlastung rausgeflogen. In diesem Fall sollten Sie einen Elektriker rufen.

Glühlampe flackert

Ist sie fest reingeschraubt? Vor allem Frauen neigen dazu, Glühlampen mit Samthandschuhen anzufassen – bei heißen Glühlampen zu empfehlen – sie haben Angst, das Glas könnte zerspringen. Aber wenn die Glühlampe zu locker sitzt, können sich die Kontakte nicht berühren, ergo: kein Licht. Wenn sie wirklich fest sitzt und trotzdem flackert, überprüfen Sie den Schalter, indem Sie ihn mehrmals ein- und ausschalten – das optimiert die Kontakte. Hilft auch das nichts, liegt das Problem im Anschluss. Rufen Sie einen Elektriker. Übrigens: Es heißt wirklich Glühlampe, nicht Glühbirne. Denn – wie der Elektriker sagt – Leuchtobst gibt es nicht!

Dimmer am Wandschalter kaputt

Wahrscheinlich ist die Feinsicherung im Dimmer durchgebrannt. Schalten Sie die Hauptsicherung aus. Dann die Dimmer-Kappe abziehen und die Feinsicherung (ein ca. 1,5 cm langer Stab) entfernen. Gehen Sie damit in den Baumarkt und kaufen Sie eine neue. Einfach wieder reinstecken.

08 STROM, WASSER, HEIZUNG

Waschen, duschen, Kaffee kochen – ALLES ÜBER WASSER

Wie wichtig Wasser für unseren Alltag ist, weiß man spätestens, wenn die Wasserwerke für eine Stunde das Wasser abstellen – natürlich genau dann, wenn man gerade einen Wellness-Nachmittag plant oder ein Fünf-Gänge-Menü kochen will … Vorschlag: Nutzen Sie diese Zeit, um sich mit den Grundkenntnissen zum Thema Wasser vertraut zu machen.

Damit Sie für Wasserpannen aller Art gewappnet sind, sollten Sie diese Utesilien immer parat haben:

Abb. Hobbyklempner-Eimer

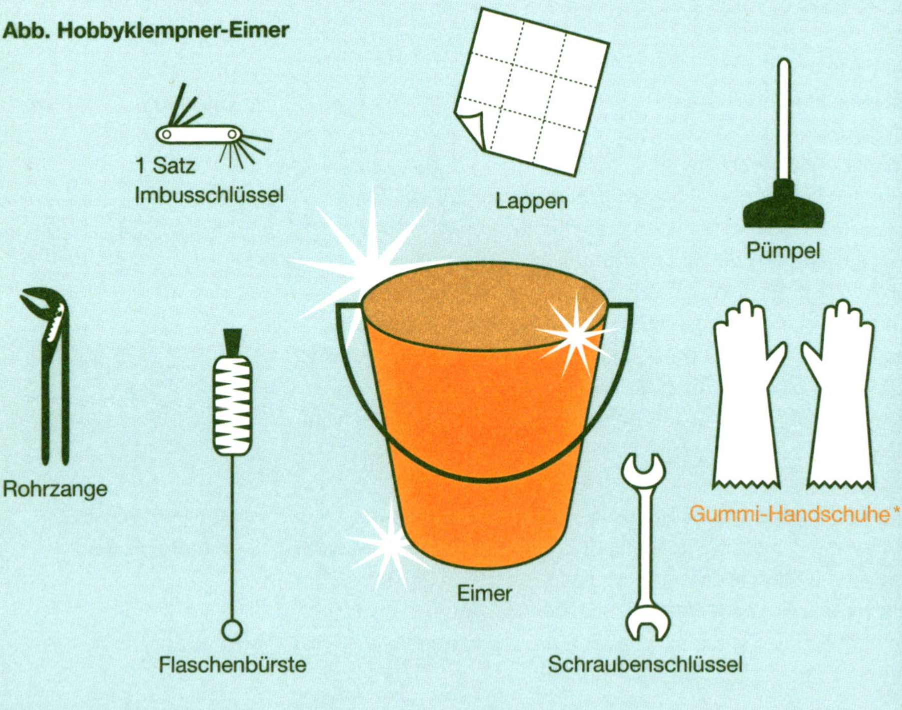

*Auch wenn sie Latex nicht mögen, bei Wasserarbeiten ist es schon ratsam, Gummihandschuhe zu tragen. Man weiß nie, was für Dreck aus den Rohren kommt.

GUT ZU WISSEN

Wasser kommt immer von unten – es sei denn, es regnet rein… Wasserrohre verlaufen waagerecht zum Fussboden in ca. 10 bis 30 cm Höhe. Wenn Sie unsicher sind und bevor Sie beim Bohren die Wohnung fluten, sollten Sie sich ein Metallsuchgerät zulegen. Das kann man an die Wand halten und so feststellen, ob unter dem Putz Metall liegt. Das könnte natürlich auch eine Stromleitung sein – jedenfalls sollten Sie dort nicht bohren.

Wasserleitungen

Es gibt immer zwei parallel verlaufende Wasserrohre für heißes und kaltes Wasser (s. Abb. S. 139) und außerdem ein HT(= Hochtemperatur)-Rohr für das Abwasser. Es ist aus Kunststoff und verläuft ebenfalls waagerecht – allerdings immer mit einem leichten Gefälle, weil das Abwasser keinen Druck mehr hat. Für jedes Haus gibt es meist zwei Steigleitungen (Warm- und Kaltwasser – wenn man eine Gastherme oder einen Durchlauferhitzer hat, gibt es nur eine Steigleitung mit Kaltwasser) und ein Fallrohr für das Abwasser.

Der Haupthahn

In jeder Wohnung befindet sich ein so genannter Haupthahn. Begeben Sie sich bei Bezug direkt auf die Suche nach diesem Haupthahn. Mit ihm können Sie sofort die komplette Wasserzufuhr Ihrer Wohnung stoppen. Meistens finden Sie ihn in der Küche, im Bad oder im WC. Manchmal gibt es auch zwei Haupthähne für Kalt- und Warmwasser. Fragen Sie am besten den Vermieter! Wenn also irgendwo Wasser herausströmt, wo kein Wasser herausströmen sollte: Fangen Sie nicht an, hektisch nach Lappen zum Aufwischen zu suchen, sondern drehen Sie sofort den Haupthahn zu. Dann rufen Sie den Hausmeister bzw. Klempner.

Wasserhahn

Mit „Wasserhahn“ meinen wir ja immer den gesamten Apparillo, aus dem Wasser rauskommt, wenn man ihn aufdreht. Tatsächlich ist Wasserhahn die falsche Bezeichnung für etwas, das eigentlich „Auslaufventil“ bzw. „Absperrorgan“ heißt. Unsichtbar für uns, befindet sich im Innern ein Ventil: Wird der „Hahn“ aufgedreht, öffnet sich das Ventil und Wasser kann fließen (s. Abb. S. 147).

Knie bzw. Siphon

Wenn das gebrauchte Wasser aus dem Waschbecken (der Dusche, Badewanne, Toilette) direkt ins Fallrohr abfließen würde, fiele man vor Gestank in Ohnmacht. Gegen den üblen Geruch gibt es das Knie (= Siphon). Dort bleibt immer Wasser stehen – und hät so den „Gulli-Gestank“ fern.

Toilettenspülkasten

Man möchte nicht so gern reinschauen, aber der Spülkasten ist weniger eklig, als man denkt. Wenn man ihn regelmäßig reinigt – und das sollte man –, sieht er sogar picobello aus! Schließlich ist das Wasser da drin frisch und sauber. Und so simpel funktioniert das Ding: Wenn man auf den Hebel (oder Taster o. ä.) drückt, wird der Stöpsel hochgezogen, und das Wasser aus dem Spülkasten läuft in die Toilette. Der Schwimmer sinkt mit dem Wasserspiegel und öffnet das Zulaufventil, sodass frisches Wasser in den Kasten läuft. Der Wasserspiegel steigt wieder, der Schwimmer steigt mit und schließt das Zulaufventil.

Abb. Waschtisch
a Waschbecken
b Armatur

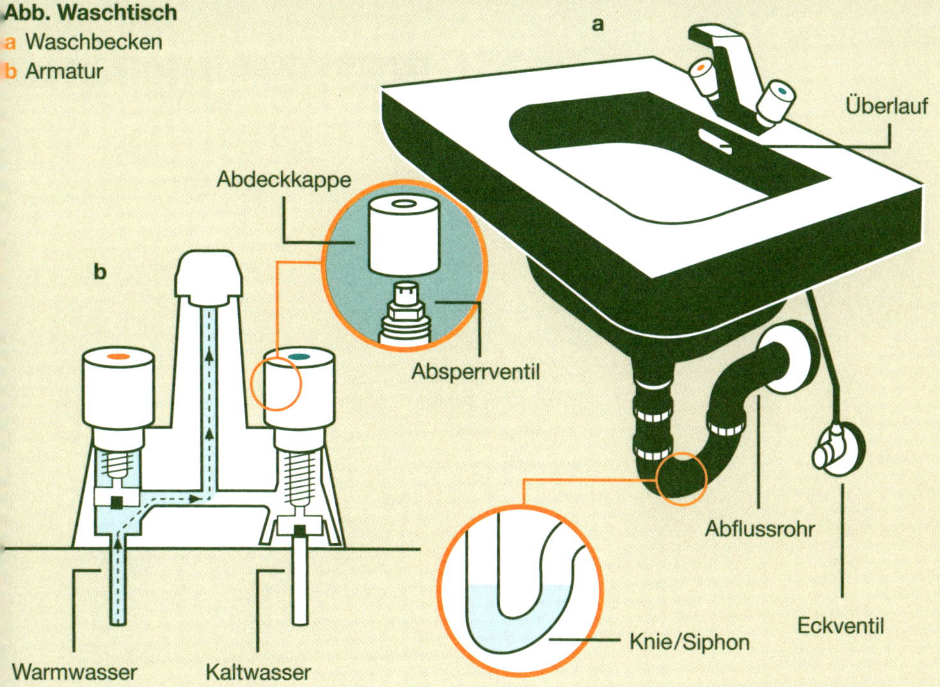

Abb. Spülkasten

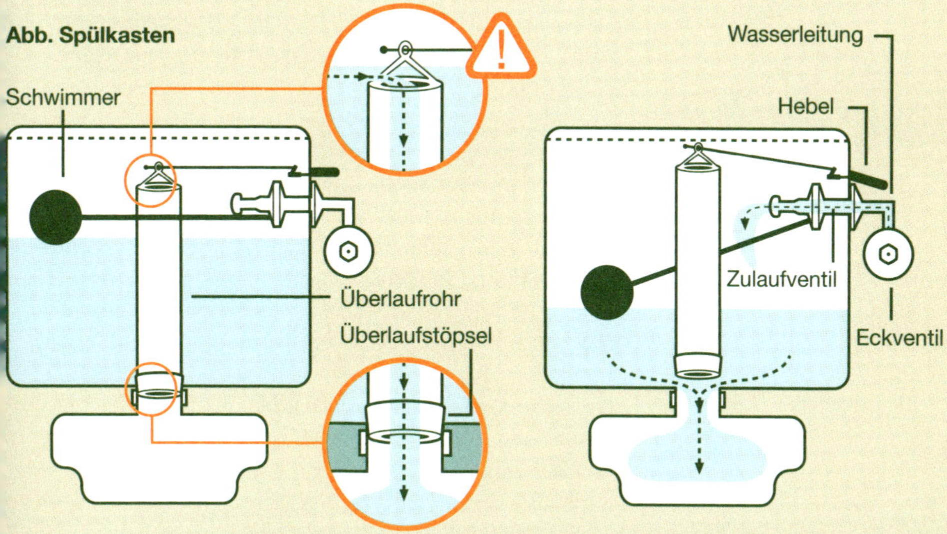

Wenn das Zulaufventil kaputt ist und andauernd Wasser durchlässt, verhindert der Überlauf eine Überflutung: Das Wasser kann nicht aus dem Spülkasten rauslaufen, sondern läuft immer durch den Überlauf ab.

ERSTE HILFE BEI WASSER-PANNEN

Abfluss im Waschbecken verstopft

Wenn Sie Glück haben, löst sich der Haare-Seifen-Schleimklumpen durch sehr heißes (nicht kochendes!) Wasser mit Spüli. Wenn nicht: Verzichten Sie trotzdem auf chemische Abflussreiniger. Denn erstens muss nicht mehr Chemie als nötig ins Abwasser gelangen, und zweitens entsteht bei der chemischen Reaktion Hitze, die einige Kunststoff-Rohre nicht abkönnen. Und drittens – auch wenn's eklig ist – der gute alte Pümpel leistet einfach die besseren Dienste. Er dient dazu, Luft durch das Rohr zu drücken, und durch den Luftdruck soll sich die Verstopfung rein mechanisch lösen. Damit die Luft nicht durch den Überlauf entweicht, müssen Sie diesen mit einem nassen Lappen abdichten. Dann wird die Gummiglocke des Pümpels auf die Abflussöffnung gestellt und das Waschbecken etwa zu einem Drittel mit Wasser gefüllt. Nun mit dem Stiel pumpen. Ignorieren Sie die schrecklichen Dinge, die jetzt ins Waschbecken geschwemmt werden, und pumpen Sie, bis alles wieder locker abfließt.

DER GUTE RAT

Versuchen Sie unbedingt, einen guten Freund dazu zu bewegen, diese fiesen Arbeiten auszuführen. Bestechen Sie ihn evtl. mit Gegenleistungen wie etwa Kochen …

Siphon abschrauben

In seltenen Fällen ist das Knie, also der Siphonbogen, verstopft und muss abgeschraubt werden. Dazu brauchen Sie einen Eimer, ein Tuch, eine Rohrzange und eine Flaschenbürste. Stellen Sie den Eimer unter das Rohr und schrauben Sie mit der Rohrzange die beiden Verbindungen zwischen Knie und Rohren auf. Dabei unbedingt ein Tuch um das Rohr legen, damit das Chrom nicht zerkratzt. Nun kann man den Siphonbogen abnehmen – Achtung: Jetzt läuft Wasser raus! Augen zu und durch: Alle Rohre und den Bogen mit der Flaschenbürste reinigen und alles wieder anschrauben. Achten Sie darauf, dass Sie die Dichtungen dabei wieder richtig einsetzen.

ERSTE HILFE BEI WASSER-PANNEN

Dusche oder Badewanne verstopft

Versuchen Sie auch hier erst die Spüli-Wasser- und dann die Pümpel-Methode. Wenn das nichts nützt, können Sie auch bei Dusche und Badewanne den Siphon abschrauben und säubern, wie oben beschrieben. Sie finden ihn hinter der so genannten „Revisionsklappe". Das sind zwei bis vier Fliesen, die man abnehmen kann. Manchmal sind sie auch mit Silikon befestigt – das muss man dann rausschneiden und hinterher neu spritzen.

Wasserhahn tropft

Wahrscheinlich ist die Dichtung kaputt – völlig normal, denn Dichtungen haben nur eine beschränkte Lebensdauer, dann werden sie porös und müssen erneuert werden. Dazu müssen Sie – natürlich – zuerst das Wasser abdrehen, und zwar an einem oder beiden Eckventilen. Testen Sie, ob wirklich kein Wasser mehr fließt, indem Sie den betreffenden Wasserhahn voll aufdrehen. Ein bisschen Wasser läuft immer aus, weil noch etwas im Hahn war. Mit einem Lappen (um die Armatur zu schonen) und einer Rohrzange können Sie nun die Abdeckkappe des Wasserhahns ganz abschrauben. Nun liegt das Oberteil des Absperrventils frei, das man mit einem Schraubenschlüssel rausdrehen kann. Am unteren Ende finden Sie dann die Dichtung, die mit einer kleinen Mutter gesichert ist. Mutter lösen, alte Dichtung rauszupfen, neue Dichtung einsetzen (beschriftete Seite nach unten!). Dichtungsmutter wieder aufschrauben und mit dem Schraubenschlüssel etwas anziehen. Das Ventil-Oberteil wieder einsetzen, festziehen, Abdeckkappe aufschrauben – fertig! Ach ja: Eckventil wieder aufdrehen, sonst wird's nichts mit dem Wasser …

ACHTUNG

Bei Mischbatterien haben Sie schlechte Karten: Erstens sind sie schwer auseinander zu bauen, zweitens benötigt man hier meist Spezialdichtungen vom Hersteller.

ERSTE HILFE BEI WASSER-PANNEN

WC verstopft

Wenn Sie sich und Ihre (Geruchs-)Nerven schonen wollen, sollten Sie einen Klempner rufen. Beim Wand-WC können Sie ohnehin nichts ausrichten – und auch die Reinigung eines Stand-WCs ist sehr aufwändig und wenig erfolgversprechend. Das Einzige, was man versuchen kann: Einen Schlauch an den Wasserhahn anschließen (fragen Sie im Baumarkt nach einem Adapter). Die andere Seite ganz weit ins Toilettenrohr schieben und das heiße Wasser voll aufdrehen. Den Schlauch anschließend wegschmeißen.

Probleme mit dem Spülkasten der Toilette

Bevor Sie sich dem Spülkasten zuwenden, drehen Sie den Zulaufhahn ab! Dann den Deckel abnehmen und den Verschluss anheben, damit alles Wasser abläuft.
Zum Reinigen des Spülkastens nimmt man die Teile vorsichtig auseinander. Das geht problemlos, aber: markieren Sie die Reihenfolge (erleichtert hinterher das Zusammensetzen …)! Dann reinigt man die Teile gründlich mit warmem Wasser und Spüli.
Störfälle im Spülkasten beschränken sich eigentlich auf zwei Dinge: Entweder das Wasser läuft andauernd, oder es läuft überhaupt nicht. Trifft Ersteres zu, ist meist der Dichtungsring des Zulaufventils kaputt. Bauen Sie das Zulaufventil aus und ersetzen Sie den alten Ring durch einen neuen. Die gibt es in jedem Baumarkt. Es kann auch sein, dass nur der Schwimmer klemmt – weil einzelne Teile verkalkt oder versifft sind. Dann reinigen Sie die Teile wie oben beschrieben. Wenn kein Wasser mehr läuft, ist häufig das kleine Sieb in der Zuleitung verstopft. Eventuell hilft eine Reinigung – ansonsten können Sie auch das problemlos austauschen. Zulaufhahn aufdrehen und alles bei geöffnetem Deckel noch mal überprüfen.

Nicht frieren und warm duschen – ALLES ÜBERS HEIZEN

Solange sie läuft, brauchen wir keinen Gedanken an die Heizung zu verschwenden. Aber wenn Sie eines Morgens mit Eiszapfen an der Nase aufwachen, wäre es von Vorteil zu wissen, wie die Heizung eigentlich funktioniert.

GUT ZU WISSEN

Jede Heizung ist ein Kreislauf: Warmes Wasser fließt in den Heizkörper, erhitzt ihn dadurch, das abgekühlte Wasser fließt wieder aus dem Heizkörper heraus und wird aufs Neue erwärmt. Die Art der Heizung unterscheidet sich durch verschiedene Methoden der Wasser-Erwärmung:

Ölheizung
Im Keller befinden sich ein Heizöltank und ein Heizofen. Das Öl verbrennt im Heizofen und erhitzt dabei das Wasser. Die Abgase entweichen durch den Schornstein.

Gasheizung
Entweder gibt es im Keller eine zentrale Gasheizung, wo das Gas (das durch Rohre von den Gaswerken kommt) verbrannt wird. Oder jede Wohnung hat eine eigene Gastherme, in der das Gas für diese Wohnung verbrannt und somit das Wasser erhitzt wird. Die Abgase entweichen auch hier durch den Schornstein.

Fernwärme
Es kommt bereits erhitztes Wasser im Haus an – von einem Heizwerk. Im Haus entstehen keine Abgase, die entsorgt werden müssen. Außerdem gibt es mit Strom betriebene Heizungen – wie etwa Nachtspeicherheizungen oder Radiatoren. Hier spielt Wasser natürlich keine Rolle …

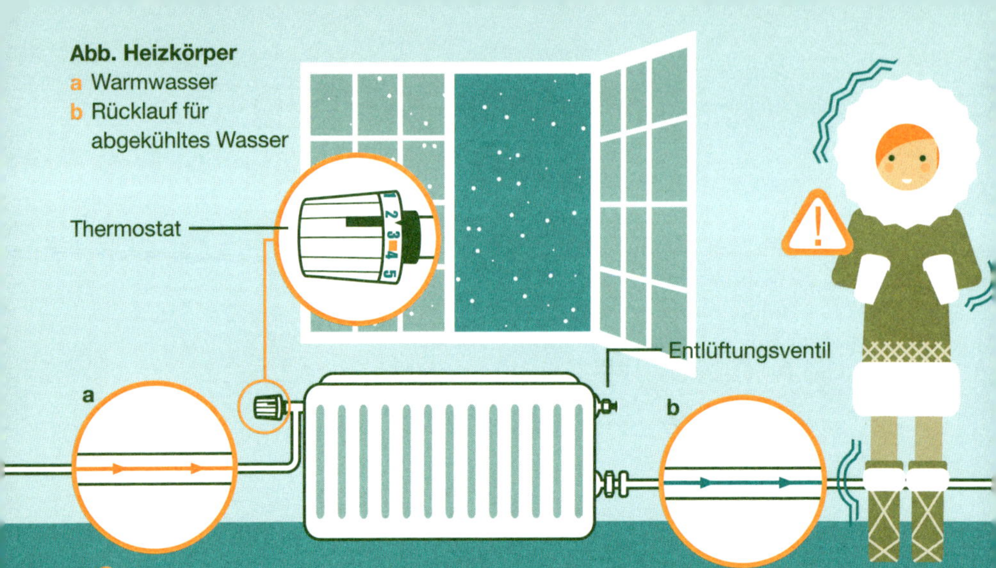

Wundern Sie sich nicht, wenn die Heizung bei geöffnetem Fenster wie verrückt heizt – oder aber kalt bleibt, wenn Sie ein Handtuch über das Thermostat legen …

Heizkörper

Jeder Heizkörper hat ein Thermostat-Ventil. Das befindet sich meist in dem runden Teil, an dem man den Heizkörper auf- und zudreht. Ein Thermostat ist Thermometer und Regler in einem. Es fühlt und regelt die Temperatur. Stufe 3 entspricht dabei ungefähr 20° Raumtemperatur. Das Thermostat muss immer freiliegen, sonst kann es nicht richtig fühlen! Wenn Sie also zum Beispiel Ihr Handtuch drüberhängen, „denkt“ das Thermostat: Oh, schön warm – und regelt die Raumtemperatur entsprechend falsch. Deshalb sollte ein Thermostat auch niemals zu viel Staub (z. B. beim Renovieren) abbekommen! Außerdem gibt es an jedem Heizkörper oben an der dem Thermostat gegenüberliegenden Seite ein Entlüftungsventil. Der dazu passende Steck-Schlüssel wird mit den Heizkörpern geliefert. Wenn Sie Mieter sind oder eine Wohnung besitzen, in der die Heizkörper schon installiert waren, fragen Sie den Hausmeister, Verwalter, Vermieter oder im Sanitärfachgeschäft.

ERSTE HILFE BEI HEIZUNGS-PANNEN

Ein Teil des Heizkörpers wird nicht richtig warm

Heizkörper eine Weile voll aufdrehen. Wieder zudrehen, ein Gefäß unter das Entlüftungsventil halten und es mit dem Schlüssel (s.o.) aufdrehen. Wieder schließen, sobald etwas Wasser austritt.
Wenn bei dieser Aktion keine Luft austritt (= es zischt nicht) und Sie eine Gastherme haben, ist wahrscheinlich zu wenig Wasser in der Therme. Füllen Sie (laut Anleitung des Herstellers) Wasser nach und entlüften Sie anschließend alle Heizkörper.

Heizkörper wird auch bei voll aufgedrehtem Ventil nicht warm

Wohnen Sie im 5. Stock? Dann müssen Sie etwas Geduld haben mit ihren Heizkörpern. Es dauert, bis das warme Wassser von unten nach oben kommt. Ansonsten befreien Sie das Thermostat von Ballast und Schmutz (s. S. 152).

Heizung pfeift

Entweder ist Luft im Heizkörper – dann entlüften Sie wie oben beschrieben – ,oder das Wasser läuft nicht richtig durchs Ventil. Dann drehen Sie den Regler etwas weiter auf oder zu.

Nix geht mehr!

Wenn das alles nichts nutzt: Haben Sie noch Öl? Die Gasrechnung bezahlt? Ja? Dann wird es jetzt Zeit, einen Profi zu rufen.

Bringen Sie Ihre Wohnung zum Strahlen!

Die nackte Glühlampe an der Schlafzimmerdecke ist bekanntlich die Übergangslösung, die auch Jahre später noch da rumbaumelt. Die richtige Beleuchtung für jedes Zimmer zu finden, ist eine der schwersten Aufgaben für jede Hobby-Innendekorateurin. Da hilft es schon zu wissen, welches Licht man wo braucht.

DER GUTE RAT
Indirektes Licht:
Eine tolle Lösung, wenn Sie Platz haben und die Installation bezahlen wollen. So genannte Linestra-Röhren werden unterhalb der Decke angebracht und von Blenden verdeckt. Das gibt ein sehr warmes Licht, das erleuchtet, aber nicht erschlägt.

Küche Für die Arbeitsfläche eignen sich am besten Unterbauleuchten, die an der Unterseite der Oberschränke angebracht werden. Nehmen Sie nicht die erstbeste Leuchtstoffröhre, die Sie beim Kochen zum Zombie entstellt. Es gibt die unterschiedlichsten Halogenspots, die in ausgeschaltetem Zustand schick aussehen und eine helle, aber angenehme Lichtquelle bieten.

Spiegel Auch hier braucht man helles Licht – zum Augenbrauenzupfen und Pickelausdrücken. Am schönsten sind Spiegellichtleisten wie in der Profi-Maske. Dann müssen Sie nicht jeden Morgen ein Gespenst im Spiegel begrüßen und werden trotzdem schminkgerecht ausgeleuchtet. Im Laden werden oft Halogenspots angeboten – bedenken Sie, dass diese wirklich nur punktuell leuchten! Eine gute Alternative: Ein kleines Regal oder Schränkchen über dem Spiegel, unter das Sie mehrere Spots schrauben können.

Esstisch Über dem Esstisch brauchen Sie eine Leuchte, die hell ist, aber trotzdem gemütlich und außerdem höhenverstellbar. Hier lohnt sich evtl. die Investition in ein Designer-Objekt, denn durch die niedrige Aufhängung über dem Tisch haben Sie diese Leuchte immer vor der Nase – und vor der Ihrer Gäste! Für den gemütlichen Teil nach dem Fisch-Sezieren lassen Sie sich am besten einen Dimmer in den Schalter einbauen.

Sofa & Sessel Auch wenn sie beim Staubsaugen stören und von Kindern gern umgerannt werden: Beim Entspannen auf dem Sofa lassen Sie sich am besten von einer Stehleuchte erhellen. Sie sollte unbedingt einen Dimmer haben – hell zum Lesen, dämmerig zum Knutschen …

Flur Wenn Sie morgens den passenden Schal finden wollen, sollte der Flur hell erleuchtet sein. Gut geeignet sind Halogensysteme oder einzelne Wandleuchten. In einem kurzen Flur oder einer Diele können Sie Akzente mit einzelnen (Designer-)Leuchten setzen. Wenn Sie einen langen Flur haben, kaufen Sie mehrere weniger teure. In großer Anzahl wirken sie fast wie Kunstobjekte.

Kinderzimmer Die meisten Kinderzimmerleuchten sind eher Deko als Beleuchtung. Zu bunt, zu klein, zu wenig Watt. Kleine Kinder, die viel auf dem Boden spielen, brauchen viel Licht – am besten ein Halogensystem. Dekorative Wandleuchten kann man zusätzlich anbringen. Für ältere Kinder ist wichtig: Eine helle Schreibtischleuchte und eine Leseleuchte am Bett oder Sofa.

Abb. Be a Star – mit der richtigen Beleuchtung

REGISTER

Zertifikat

Willkommen in der Welt der Dübel, Farbrollen und Fliesenkreuze. Mit der Lektüre dieses Buches haben Sie die ideale Voraussetzung geschaffen, um Ihre Wohnungsträume zu verwirklichen und zu einer echten Handwerksheldin zu werden. Viel Spaß dabei!

Name der Renovierungskünstlerin

Größe der Wohnung in qm

Erstes Renovierungsprojekt

---

begonnen am: beendet am:

Zweites Renovierungsprojekt

---

begonnen am: beendet am:

AUTORIN & ILLUSTRATORIN

Abb. Mahrenholtz und Parisi
a Katharina Mahrenholtz
b Dawn Parisi

DIE AUTORIN

Katharina Mahrenholtz arbeitet als Hörfunk-Redakteurin beim NDR und renoviert in ihrer Freizeit ihre Altbauwohnung in Hamburg: Wände verputzen, Dielen schleifen, Türen neu verglasen, Stuck freilegen – zu tun gibt es immer etwas. Ihre sechsjährige Tochter hat sich schon daran gewöhnt, dass ihr Zimmer alle paar Monate anders aussieht, und möchte später mal „was mit Mörtel" machen.

DIE ILLUSTRATORIN

Dawn Parisi arbeitet als freiberufliche Illustratorin für Design-Agenturen und Verlage. Ihre handwerklichen Ambitionen beschränkten sich bisher auf das Auftragen von Nagellack und Rouge. Seit der Arbeit an diesem Buch hantiert sie eifrig mit allem, von Farbeimer bis Bohrmaschine. Ihrem Pariser Domizil soll das schon deutlich anzusehen sein.